"固收+"产品投资工具箱（图解版）

殷震子◎编著

U0952997

中国宇航出版社
·北京·

图书在版编目（CIP）数据

“固收+”产品投资工具箱 ： 图解版 / 股震子编著. -- 北京 ： 中国宇航出版社，2024.1

ISBN 978-7-5159-2320-8

Ⅰ. ①固… Ⅱ. ①股… Ⅲ. ①金融投资－图解 Ⅳ. ①F830.59-64

中国国家版本馆CIP数据核字(2023)第230011号

策划编辑　卢　珊　　封面设计　王晓武
责任编辑　卢　珊　　责任校对　洪　宇

出版发行　中国宇航出版社

社　址　北京市阜成路8号　　邮　编　100830
(010) 68768548

网　址　www.caphbook.com

经　销　新华书店

发行部　(010) 68767386　　(010) 68371900
(010) 68767382　　(010) 88100613 (传真)

零售店　读者服务部
(010) 68371105

承　印　三河市君旺印务有限公司

版　次　2024年1月第1版　　2024年1月第1次印刷

规　格　710×1000　　开　本　1/16

印　张　12.5　　字　数　231千字

书　号　ISBN 978-7-5159-2320-8

定　价　45.00元

前　言

Preface

“固收 +”本质上并不是一个新事物，很早以前投资市场上就有类似的产品，最典型的就是增强型债券产品。那时候，这类产品受到的关注还比较少。

从严格意义上来说，“固收 +”并不是某一类投资产品或某一类基金产品，而是一种资产配置策略。也就是说，谈及“固收 +”，其实更多的是在研究以固定收益为核心的资产配置策略。特别是最近几年股市经历了几波振荡，起起伏伏，总是在 3000 点附近徘徊，很多炒股者损失惨重。“固收 +”产品借机崛起，受到市场上很多投资者的青睐。据统计，截至 2023 年上半年，市场上“固收 +”产品超过了 2000 只。

总体上来说，“固收 +”产品的收益较为稳定，但由于其使用的资产配置比例不同，产品管理者不同，收益也会有较大的差异，且在不同的时间段内，各只“固收 +”产品的表现也可能会出现差异。

因此，很多投资者在选择产品时，总是喜欢求助于某些“大咖”，希望获得更为专业的指导。然而，这些“大咖”并不是你的贴身理财顾问，也不可能全天候为你服务，他们的建议也未必适合你。总之，要想在“固收 +”领域有所斩获，其实是没有捷径的，只有自己掌握了足够的知识，才能游刃有余。

从长远来看，如果想在投资的道路上走得更长久，还是要建立自己的分析体系，人云亦云肯定不是投资的好方法。而要建立投资分析体系，了解并掌握“固收 +”产品投资工具就是必不可少的。

从“固收 +”产品投资角度来看，固定收益投资工具、利率债、信用债、可转债、股票，乃至金融衍生品等领域，都是投资者需要重要关注的领域。本书甄选了各个板块内经典的分析工具加以介绍、解读，以期帮助投资者快速掌握和应用好这些工具。

其实这些工具和方法也是投资“大咖”手中的常备武器，更是他们进行投资研究不可或缺的帮手。这些工具能够帮助投资“大咖”们，也一定能够帮助普通投资者。

当然，有了这些工具，只是在投资的道路上不再摸黑前进了，要想让前方更加光明，还需要在实战中不断地学习和提升。

还需要说明的一点是，本书讲解的债券、基金等具体品种，均为讲解案例，不构成具体买卖建议。市场有风险，投资需谨慎。

目　录

Contents

第一章
“固收+”产品配置工具

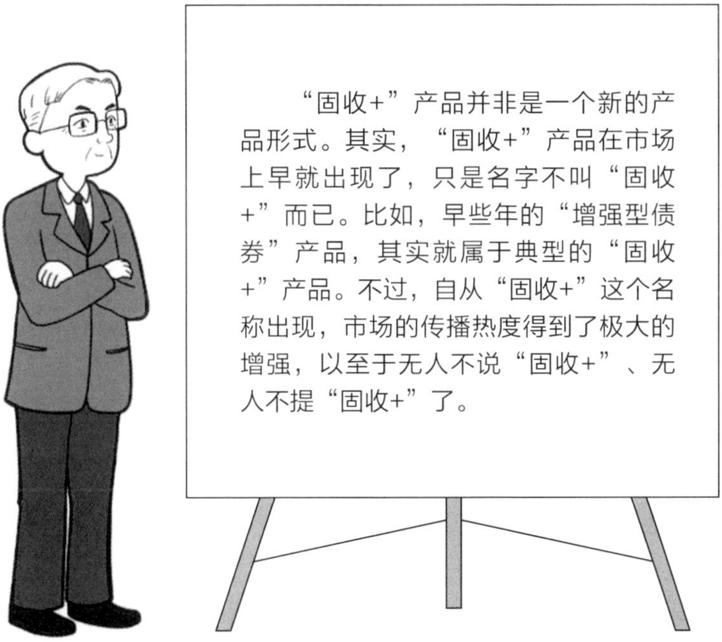

第一节 资产配置体系工具

工具概述

资产配置体系是为了实现投资组合优化的目标，构建起来的一系列投资管理工具、方法和流程。该体系包括风险管理、资产组合构建、投资决策、绩效评估等方面，能够全面支持资产配置管理的方方面面。

工具解读

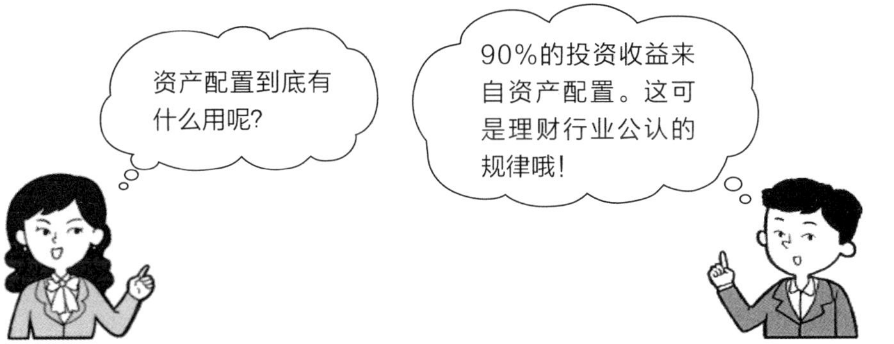

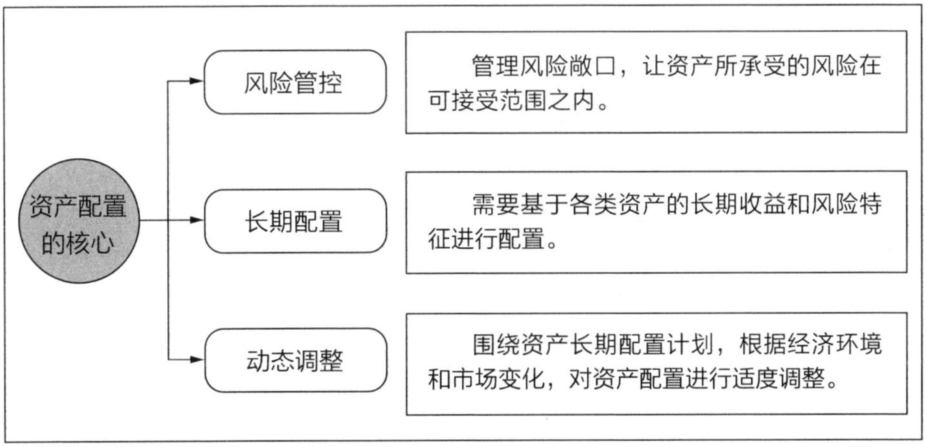

一、资产配置：从哑铃式到纺锤体

工具概述

哑铃式资产配置，是指在配置过程中容易走极端路线，不是偏重于无风险的银行存款，就是走向了高风险的股票等风险资产，介于两者之间的资产配置占比很低，这在一定程度上影响了资产的增值，或让资产面临的风险无限地放大了。

工具解读

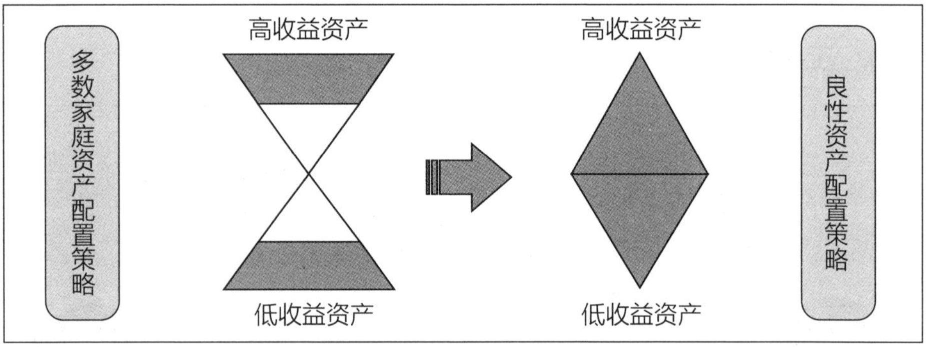

解读

目前，很多中国家庭的资产配置策略仍以银行存款为主。同时，也有一些家庭选择将一部分资产投入股市。这就形成了两头重的哑铃式资产配置方式，即高风险高收益资产和低风险低收益资产偏重。这类资产配置，要么容易错失可以获得更多收益的资产增值机会，要么容易让资产面临极高的风险（股市）。良性的资产配置方式应该是纯粹的低风险低收益产品和高风险高收益产品占比都很低，而中风险中收益的产品偏高的结构，即纺锤体资产配置模式。

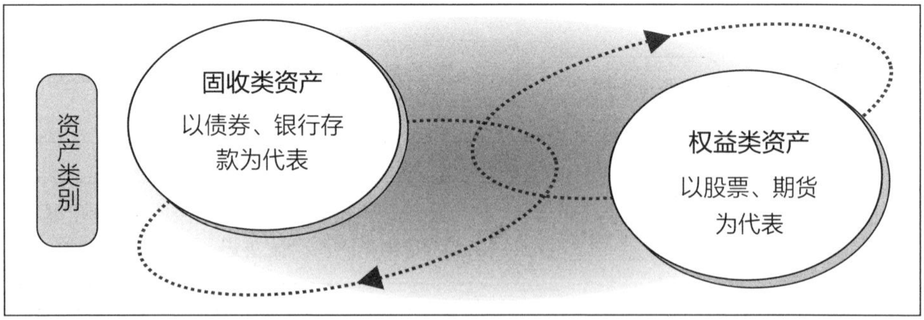

解读

在固收类产品与权益类产品中，债券与股票是最为典型的两类产品，也是进行资产配置时需要着重考虑的两个项目。

债券包括各类纯债基金，属于典型的固收产品。绝大多数债券产品在长周期内都能取得正收益。当然，收益相对较低，而风险较小，是其最为典型的特征。股票包括股票型基金，则是典型的高风险品种，收益可能很高，但风险也很大。因此，将股票与债券类资产进行合理的配置，无疑可以提升资产的收益率，并降低资产所承受的风险。

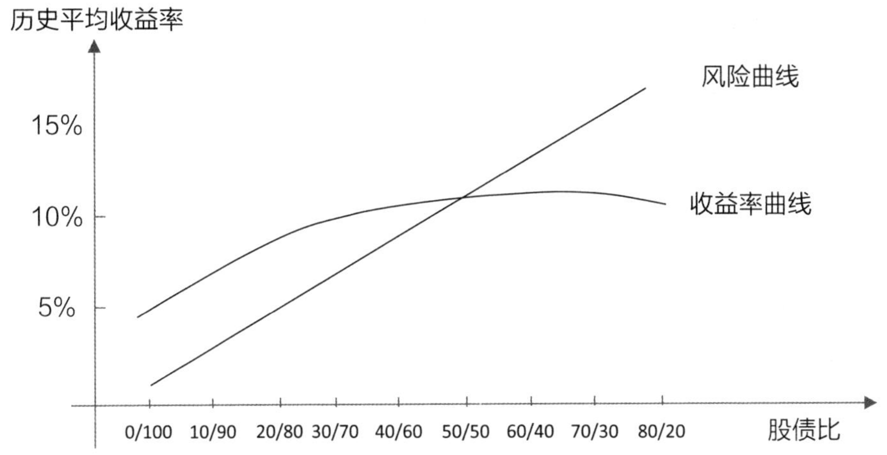

解读

债券与股票不同的配比策略，决定了资产组合不同的平均收益率和所面临的风险系数。股票资产配置的越高，承受的风险越大；债券资产配置的越高，收益越低。而且从目前的经济形势来看，利率下行将成为一种常态，债券的收益率也会同步呈现出明显的下行态势。

从上图可以看出，在股债配比大约60/40时，收益达到最高，而非80/20。同时，当股债配比中即使股票占比只有10%或20%，整个资产组合的收益也要比单纯的债券高出很多。同时，这种股票占比让资产所面临的风险又很小。这也是目前市场上最受欢迎的两种“固收+”产品的资产组合策略。

“固收+”产品从某种意义上来说，就是一种资产配置计划。目前，市面上的“固收+”产品几乎覆盖了各类股债配比模式，其中以10/90和20/80的股债配比模式最受欢迎。

二、资产配置金字塔

工具概述

资产配置金字塔，是一种根据资产所承受风险高低而逐层递减的投资配置方案。位于塔尖位置的产品收益可能最高，但风险也最大，因此在配置时必须控制在一定比例以内，塔底位置的产品收益可能最低，但风险也最低，是最容易获得的收益。

工具解读

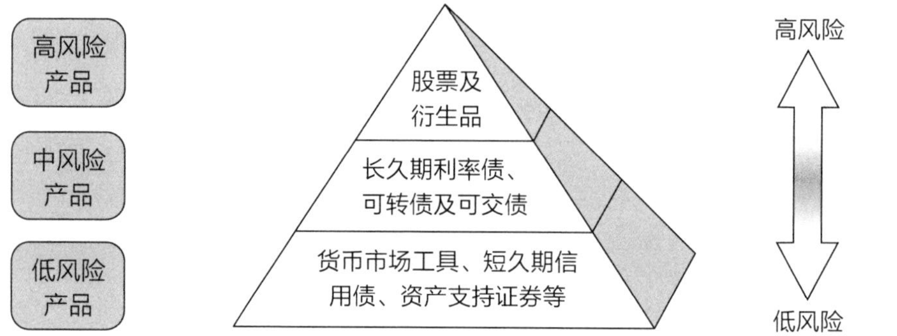

三重配置

塔尖：高风险产品，但也可能带来很高的收益。因此，在稳定塔底基本收益的基础上适度参与，无疑可以增加收益。

塔中：相对而言，长久期利率债产品的收益更高，但风险也要大一些。同时可转债与可交换债券产品也是可以博取高收益的品种，且还能拥有保底收入。

塔底：低风险产品。这部分产品的收益一般都会高于银行存款，同时还可以为塔中和塔尖提供一定的流动性。

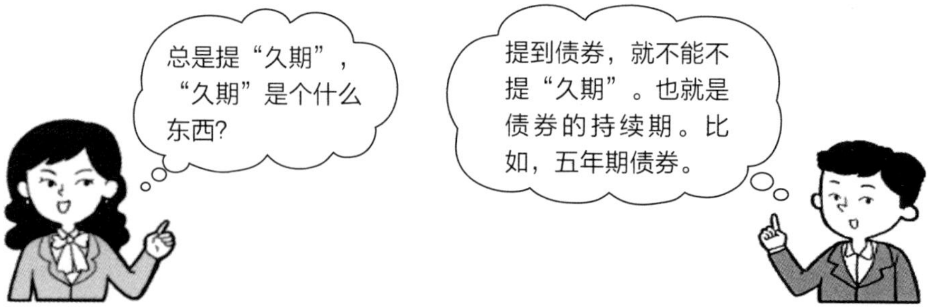

案例分析

有能够超越债券收益但又不会亏钱的理财方案吗?

从理论上来说，市场上根本就不存在只赚不赔的理材方案，即使是本书推崇的“固收+”产品也不行，因为所有的理财产品都有一定的风险。

在实际的市场操作中，超越债券收益，就必须投资更高风险的产品，而想实现只赚不赔的目标，就必须合理控制仓位，尽量做到股市下跌也不赔钱。

运行原理

从理论上来说，债券基金也可能会出现亏损，但在绝大多数情况下，长期持有债券基金一般是不会亏损的。而且债券基金在大多数时间里都可能实现3%到5%的收益，个别基金可能会更高。

股票型或偏股型基金虽然可能获得百分之几十的收益，但也存在同样幅度亏损的可能。因此，将大多数资金投资于债券基金（比如90%），再将剩余资金投资于股票型基金（比如10%），无疑可以在确保本金的前提下，实现较高的收益。

假如，投资债券基金的资产获得4%的收益，而投资股票的资产收益为−20%，那么，其具体的收益如下：

总收益=90%×4%+10%×（−20%）
=3.6%−2%
=1.6%

其实，并不是所投资的股票不会亏损，只是当你配置的股票产品所占的仓位较低，其即使出现较大的亏损，也不会对整个投资组合产生较大影响时，才是真正地实现“不亏钱”！

三、美林时钟

工具概述

美林投资时钟（简称美林时钟）是美国著名投资银行美林公司首创的一种分析方法，这种方法把资产价格轮动与经济周期有机结合起来，是一个实用的大类资产配置分析工具。

工具解读

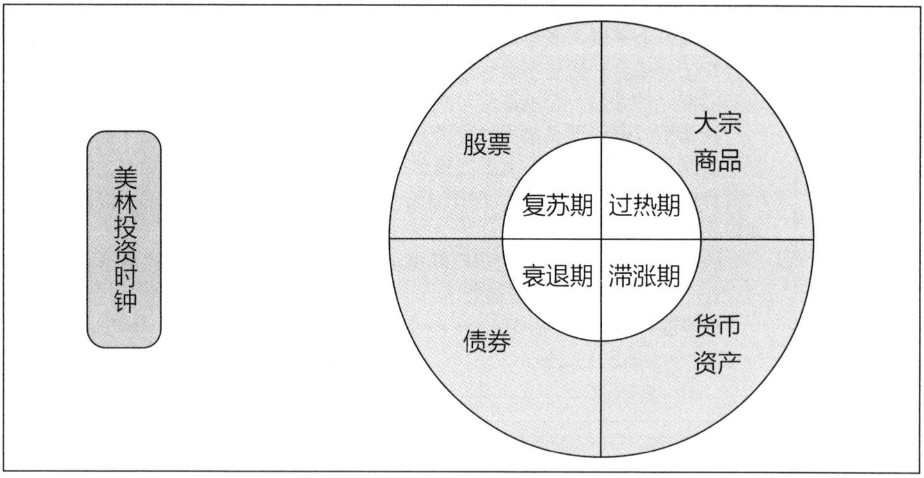

经济运行周期

- 复苏：经济上行，通胀下行。经济开始全面反弹，股票类资产往往会有非常好的表现。
- 过热：经济上行，通胀上行。经济基本面全面向好，大宗商品价格持续走高，股票仍旧具有较佳的配置价值。
- 滞涨：经济下行，通胀上行。投资过度开始显现，经济增长乏力，股票、债券、大宗商品资产价格走低，现金资产优势凸显。
- 衰退：经济下行，通胀下行。各类刺激经济政策开始出现，存贷款利率走低，债券以及债券基金收益走高。

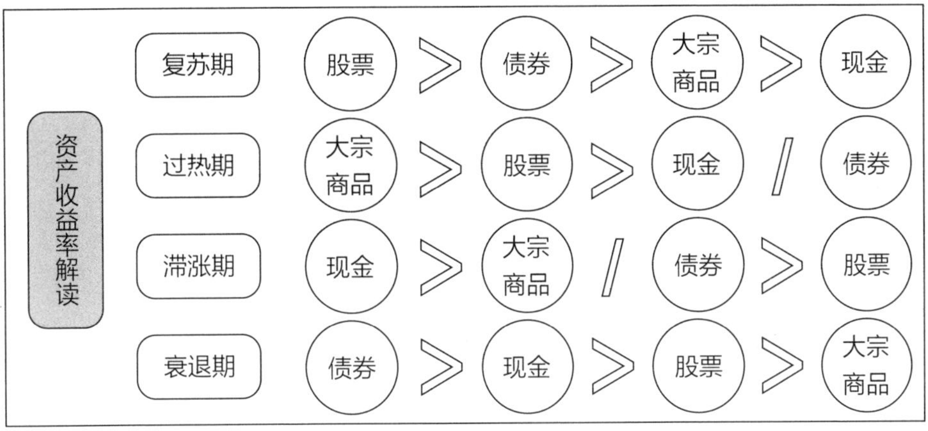

案例分析

美林时钟在资产投资布局方面到底有哪些作用呢？这是很多投资者比较关心的一个问题。

通过美林时钟可以看出，资产价格的变动充满了周期性规律。若能学会利用美林投资时钟这一工具，也是可以让自己的投资收益倍增的。

首先，在经济复苏期，在整个资产配置体系中加大对股票类资产的持仓占比。

第二，在经济过热期，则需要减少债券的配置，保留股票，并加大货币型基金、货币市场工具的配置。

第三，在经济进入滞涨期后，大幅减少甚至清仓股票，加大货币型基金、货币市场工具的配置。

四、资产配置

工具概述

资产配置的目标在于以资产类别的历史表现与投资者的风险偏好为基础，决定不同资产类别在投资组合中所占的比例，从而降低投资风险，提升投资收益。

工具解读

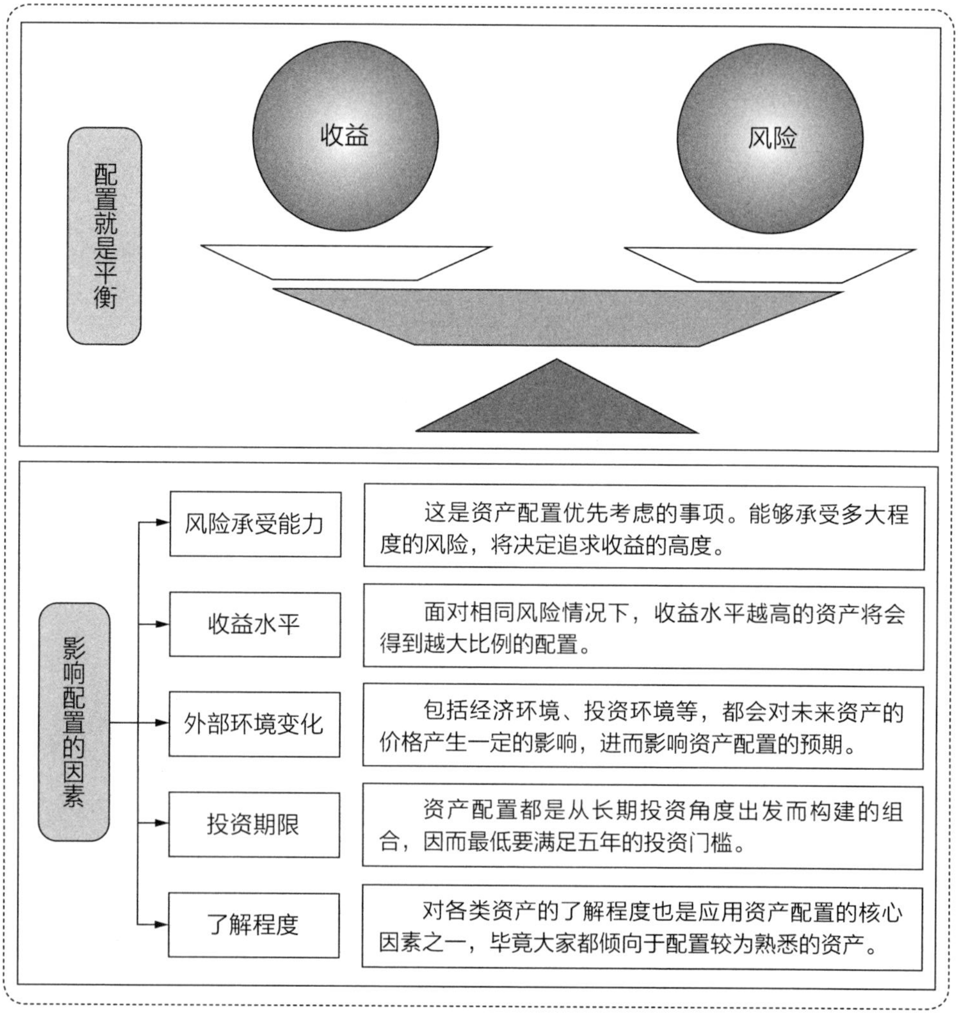

战略性资产配置

按照长期性的投资收益与风险控制目标进行的资产配置安排，就是战略性资产配置。这种配置并不会因为短期市场波动而进行调整。

战术性资产配置

根据对市场中短期走势的研判，对资产配置比例进行适当的调整，比如临时增加或减少股票资产仓位，就属于典型的战术性资产配置。

资产配置的两大层面

提升资产配置效率的关键

市场走势预判

对未来一段时间内，股票市场或债券市场走势进行准确的预判。

调整资产配置比例

运行如下操作：在股市下行趋势启动时，降低股票仓位；反之，则增加仓位等。

防控风险

做好预案，防止市场朝相反方向运行。

案例分析

例如，某种资产组合在构建时，按照股票、债券的正常投资比例分别是10%、90%，但年中时段股市向好，在股票、债券上的实际投资比例分别是15%、85%，股票指数、债券指数当期的收益率分别是10%、4%，那么，资产配置贡献可计算如下：

$$(15\%-10\%)\times 10\%+(85\%-90\%)\times 4\%=0.3\%$$

即通过资产配置，让基金多获得了0.3%的收益。

第二节　投资与资产配置工具

工具概述

投资从来都不是一件简单的事，特别是要保持长期稳定收益的投资，更是如此。投资与风险、收益、波动等几大因素有着直接的关系。用承受最低的风险和波动，来获取最大的收益，这就是投资与资产配置要达成的核心目标。

工具解读

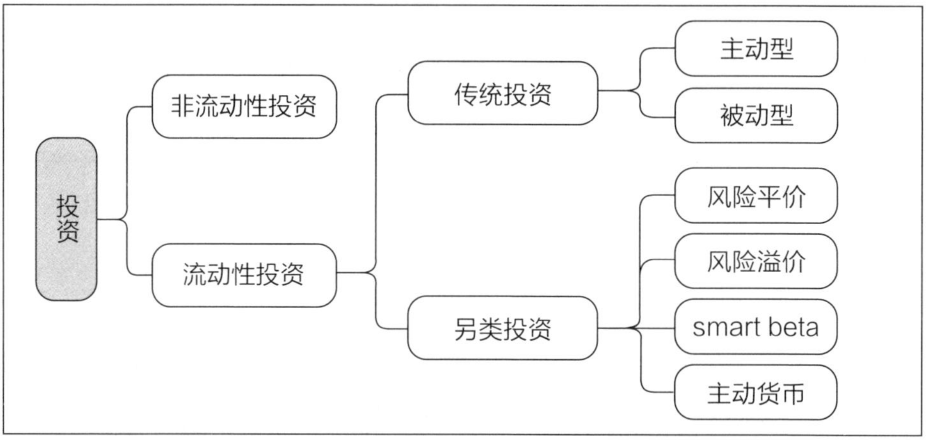

解读

在整个投资领域，涵盖了两个投资大类，即流动性投资与非流动性投资。这是以变现速度来划分的，比如固定资产、无形资产类投资就是典型的非流动性投资，而股票则是流动性投资。

流动性投资又分为传统投资和另类投资两大类别投资。传统投资以做多投资为主，涵盖了被动型投资和主动型投资。比如，指数型基金就是典型的被动型投资。

另类投资则涵盖了基于各类风险因子和系统风险评价模型而设计的投资策略。该类投资大致涵盖了风险平价、风险溢价、smart beta、主动货币等几种模式。其中风险平价是“固收+”产品在设计时所依据的内在核心思想。

一、风险因子

工具概述

风险因子是促使或引起风险事件发生的条件，以及风险事件发生时，致使损失增加、扩大的条件。以固定收益为基础的资产配置体系中，风险是其最为关注的核心要素。因而，对各类风险因子都要进行详细的分析和拆解。

工具解读

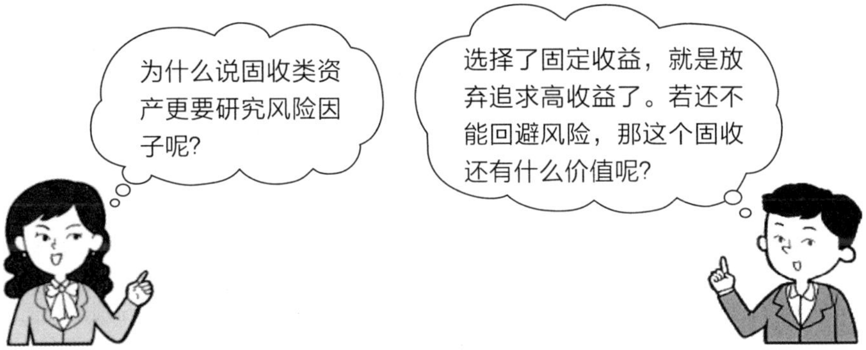

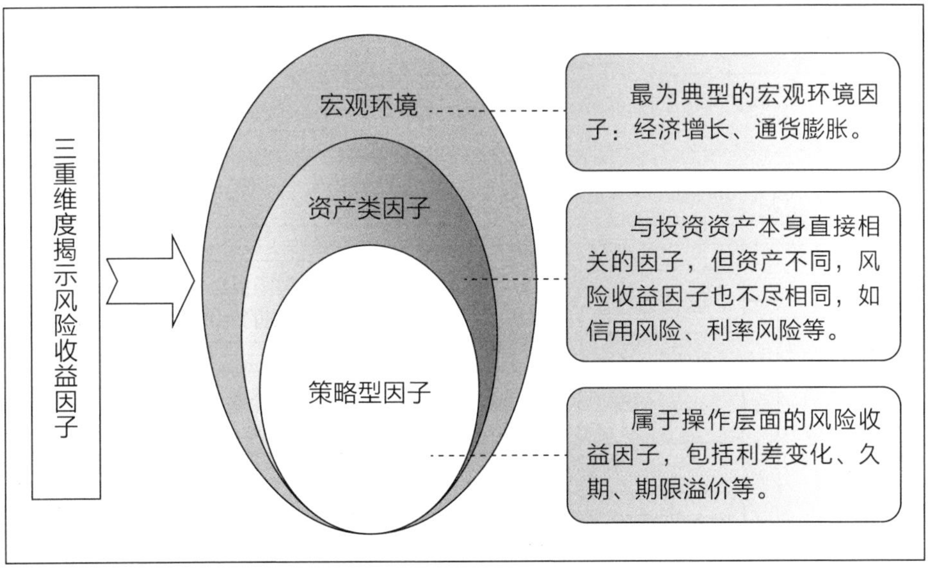

工具分析

在“固收 +”产品体系中，最核心的两类资产，其一为债券，其二为股票。当然，债券发行方不同，股票所属行业不同，所涉及的风险也会有所区别。

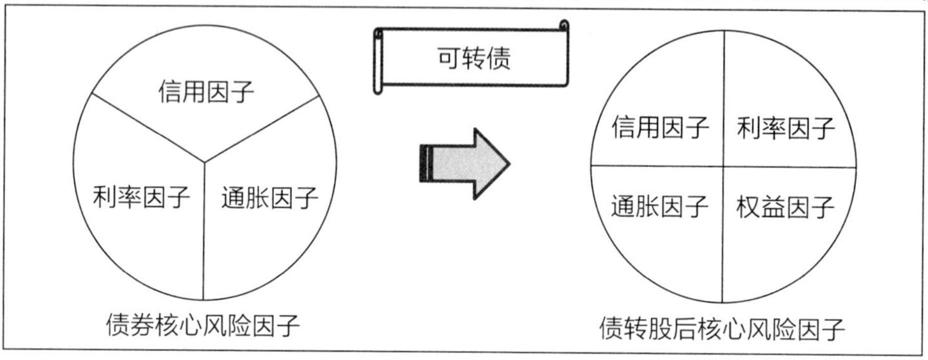

解读

第一，普通的企业债券与国债相比，最为显著的区别在于信用风险。企业债券也因此比国债多了一些收益，这部分多出来的收益最主要的就是信用溢价。越是信用等级低的债券，收益越高，风险越大，就是这个道理。

第二，从利率角度来看，利率下行后，债券票面利率是不变的，这就使得债券在市场上的吸引力大为提升，需求的人多了，债券价格自然就会走高。

第三，从通胀角度来看，由于债券票面利率是固定的，因而，当通胀走高时，债券收益就相当于减少了，债券吸引力就会降低；同时，通胀走高时，央行升息的预期就会提升，这也会降低债券的吸引力，债券价格就会走低。

第四，有些可转债在转股后，就又增加了一个权益因子，这就与股票波动直接相关了。

信用、通胀与利率为企业债券最核心的风险因子，同时，这些风险因子也会因债券品种的不同，细分出不同的风险因子。以信用因子为例。

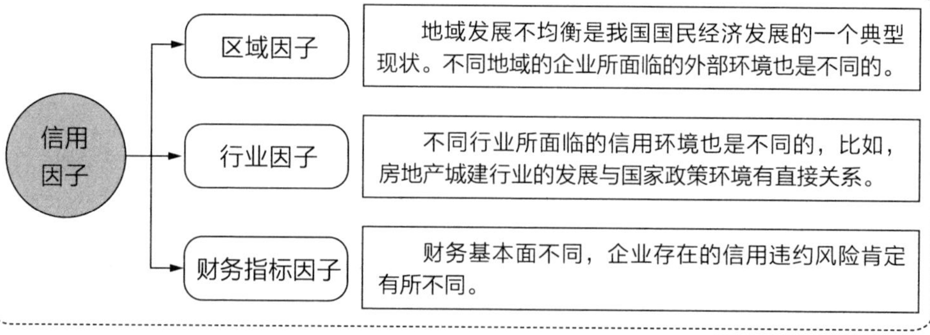

二、风险平价

工具概述

风险平价是“固收 +”产品领域中非常重要的一个概念，是对投资组合中不同的资产分配相同的风险权重的一种资产配置理念。

工具解读

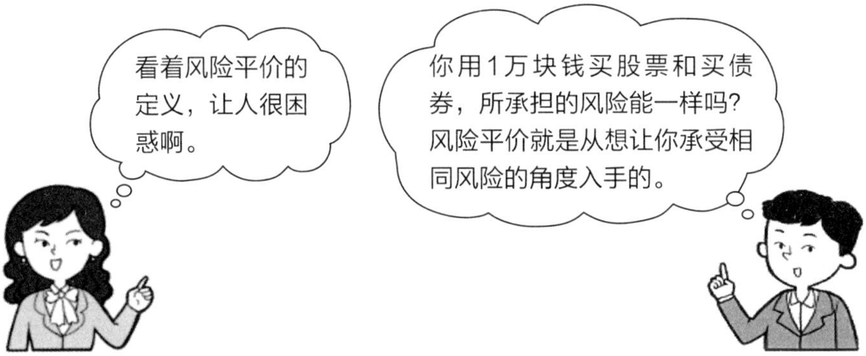

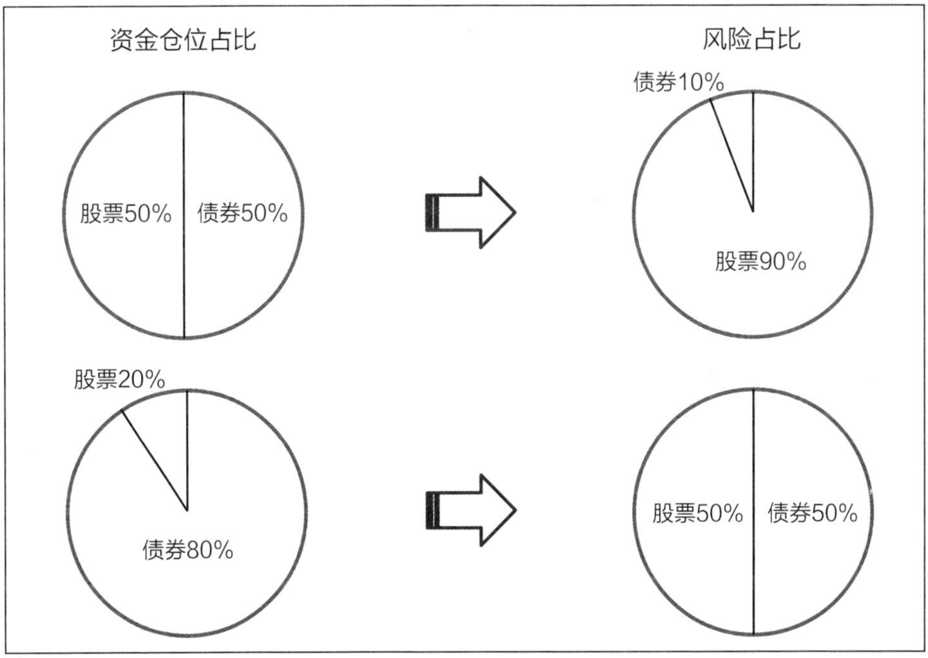

解读

事实上，可供投资的品种很多，但为了便于读者理解，我们将投资品种简化为股票和债券两类。

第一，一般来说，股票的波动远远超过债券，可能会达到债券的数倍以上，其风险自然也会高于债券的数倍。

第二，第一种资产配置中，股票与债券有相同的仓位，那么，在这个投资组合中，股票的风险占比将会超过90%，也就是说，整个投资组合的收益将全部决定于股票。这显然与"固收+"产品的投资思想不符。

第三，在第二种资产配置中，尽管股票所占的比例在20%以内，债券超过了80%，但考虑二者的风险特征，其实两类资产的风险占比应该是非常接近的。

其实，第二种资产配置方案也是"固收+"产品中经常使用的一种配置模式。这就是风险平价的意义了。

操作步骤

第一步，选定底仓资产并给定各类资产风险贡献占比。包括作为固收的债券产品和作为"+"资产的股票产品等。

第二步，计算资产对组合的风险贡献。

第三步，优化组合风险贡献占比，使得各类资产对组合风险与给定比例一致，继而得到各类资产权重的配比。

提示

风险平价模型，是通过调整资产配置占比，将各类资产所带来的风险趋于平均化。这样，当一类资产出现较大波动时，另一类资产才能起到稳定整体收益的作用。

比如，股票波动常常比较大，若股票资产出现了20%以上的跌幅，而债券资产能获得的最大收益也就在5%左右。也就是说，要弥补10%股票带来的亏损，就需要配置40%的债券。

三、夏普比率

工具概述

夏普比率，也叫报酬与波动性比率，由诺贝尔奖得主威廉·夏普（William Sharpe）于20世纪60年代提出。该指标反映了单位风险净值增长率超过无风险收益率的程度。

其计算公式为：夏普比率 =（投资组合年化收益 − 无风险收益率）/ 年波动率（标准差）

工具解读

夏普比率是目前最常用的投资组合管理度量标准，其目的是计算投资组合每承受一单位总风险，会产生多少超额报酬。

无风险收益一般以国债收益为基准。假如国债的回报率是3%，而投资组合预期回报率是13%，该投资组合的波动率是5%。那么，该投资组合的夏普比率为：

（13%−3%）/5%=2

代表投资风险每增长1%，换来的是2%的超额收益。

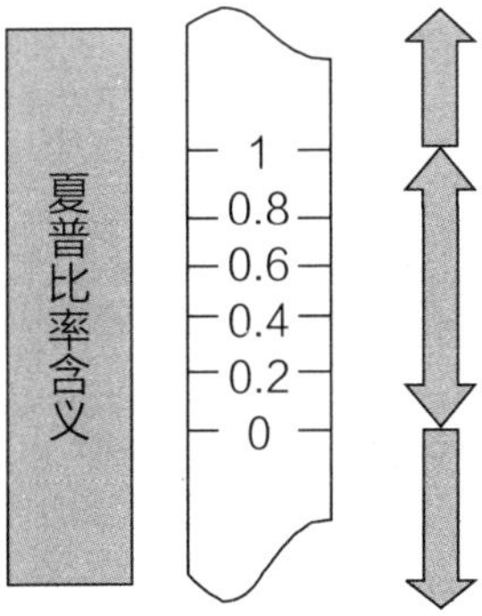

预期回报能够完全覆盖风险。数值越高，往往意味着所获得的收益可能会越大。

预期投资回报不能弥补风险，相对而言，并非良好的投资选择。

预期投资回报率低于无风险收益率，这本身就是无意义的投资活动。

工具应用

夏普比率应用要点

比较投资组合	对不同收益率的投资组合进行横向比较，综合收益与风险因素，确定最优投资组合。
相对收益	可以针对某一基金或投资组合的波动或风险情况，来评估收益情况。
失效领域	夏普比率是一种线性相关性，只要预期收益更大，可承受的风险就可更高。但在评估高波动性基金方面容易失灵。
滞后性	夏普比率与其他指标相似，所依据的数值都是历史数值，因而预判未来的收益存在一定的滞后性。

实战案例

夏普比率应用案例

小王准备拿出手中的一部分闲钱买入一只基金。不过，市场上众多类别的基金让他陷入了选择的困境。听了一些有经验的朋友的介绍，加上自己上网搜索，基本上圈定了五只备选的基金品种。他还在朋友的帮助下，调出了这五只基金的夏普比率，希望能帮助自己做出最终的投资决策。

案例分析

从右图的基金对比数据来看，可以发现这样几点。

第一，夏普比率较高的基金，波动率和收益率也可能会同步放大。

第二，针对某一特定行业的基金，在一段时间内受整个行业影响较大，比如消费行业基金。

第三，从对比数据来看，夏普比率较高的基金更适合投资。

备选的五只基金品种

基金名称	一年收益	一年波动率	一年夏普比率
广发鑫睿一年持有混合	12.58%	19.06%	0.6
华商新趋势优选	15.02%	21.99%	0.64
易方达消费	0.07%	25.29%	-0.06
国投瑞银瑞源灵活配置	3.73%	13.56%	0.17
嘉实丰和灵活配置	2.86%	17.03%	0.08

技巧点拨

在应用夏普比率筛选基金品种时，需要注意这样几点。

第一，不同类型的投资组合是不能放到一起对比的。比如，2022年绝大多数偏股型基金的净值都出现了下跌，而货币基金却全部上行。此时，将货币基金和偏股型基金放到一起对比就会发现，很多货币基金的夏普比率极高，这并不意味着货币型基金更具投资价值，毕竟货币基金的波动太小，整体盈利水平一般。

第二，夏普比率在计算时都会以一定的时间段为基准。而在这一时间段内，可能正是市场上热炒某一板块的时间点，这就会促使投资相关板块的投资组合收益大增。

第三，实战过程中，投资者并没有必要自己计算夏普比率，在一些基金网站、支付宝（基金页面），都可以获取相关的数据。

四、贝塔系数

工具概述

贝塔系数（beta coefficient）是一种风险指数，用来衡量个别股票或投资组合相对于整个股市的价格波动情况。

工具解读

贝塔系数是一种评估证券系统性风险的工具，用以度量一种证券或一个投资证券组合相对总体市场的波动性。

假如一只股票的价格和市场的价格波动性是一致的，那么这只股票的贝塔值就是1。若股票的贝塔值是1.5，就意味着当市场上升10%时，该股票价格上升15%；而市场下降10%时，股票的价格亦会下降15%。

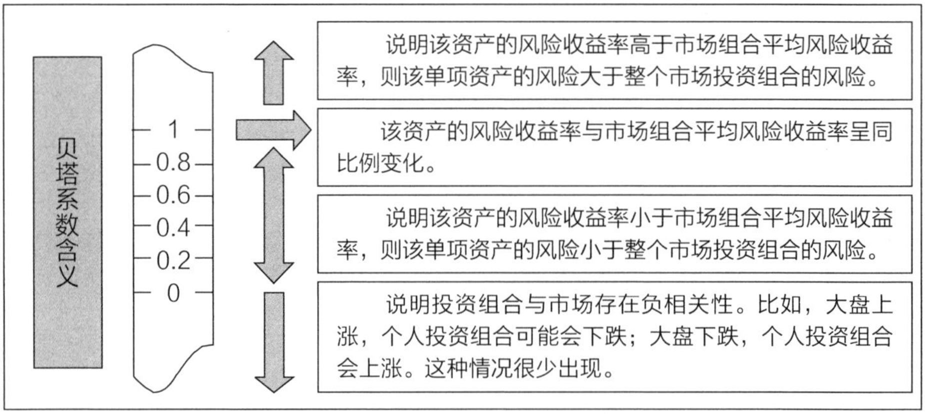

工具应用

牛市期间，贝塔系数的应用

贝塔系数从整体上反映了个别资产与市场整体收益的波动关系。因此，当牛市来临时，高贝塔系数的股票和基金将成为优先选择的目标。这些股票或基金的收益将远远超过大盘或市场的整体收益。

熊市期间，贝塔系数的应用

当熊市来临时，防御性品种将是首选的投资标的。低贝塔系数的股票和基金将成为优先选择的目标。这些股票或基金的跌幅将会低于大盘或市场的下跌幅度。

实战案例

贝塔系数应用案例

熬过了股市中最艰难的时光，整个大盘开始显露了振荡上行的态势。

看着逐渐上行的股市，小李从自身情况考虑，还是觉得买入股票型基金更为实际一些，毕竟自己不能每天都去盯盘。同时，他还希望自己所选的基金能够超过市场平均收益水平，否则就不如买指数基金了。

于是，在别人的推荐下，他圈定了几只备选的基金品种，但是，要想找到一只能够战胜市场平均收益水平的基金，又谈何容易?

案例分析

从右图可以发现这样几点。

第一，贝塔系数较高的基金，收益波动也可能很大。

第二，贝塔系数高低与基金是盈利还是亏损的关联不大，只与波动有关。

第三，贝塔系数高的基金，涨跌幅度也会更大，这些基金往往会在牛市表现更好。

各组合的贝塔系数

基金名称	涨幅（一年）	贝塔系数
前海开源公用事业股票	-5.64%	130.79
瑞远均衡价值	-9.54%	125.11
中银瑞利混合	0.81%	16.06
大成优选混合	3.64%	83.65
景顺长城泰和回报	0.68%	13.72

技巧点拨

在应用贝塔系数筛选基金品种时，需要注意这样几点。

第一，不同类型的基金是不能放到一起对比的。通常来说，股票型基金的波动往往与市场波动正相关，而债券基金存在负相关的可能。

第二，贝塔系数越大，说明基金收益波动越大，这也是比较考验投资者的心理承受能力的。贝塔数值大的基金，在牛市中往往表现比较优异，但在市场处于下行趋势时，往往也可能是跌幅较大的品种。

第三，实战过程中，投资者并没有必要自己计算贝塔系数，毕竟计算起来比较耗费精力。投资者可在一些证券APP或者股票交易软件上找到相关基金的贝塔数值。以同花顺软件为例，投资者可在【行情】|【基金】|【基金首页】选择【智能选基】中的【问财】对话框，输入“贝塔系数”，即可调出市场基金的贝塔系数排行榜；或直接输入“贝塔系数+基金名称”，即可获得某只基金的贝塔系数。

第三节 “固收+”产品配置策略

工具概述

“固收 +”并不只是一种投资理财产品，更是一种资产配置策略，一种投资理财的思想。与普通的单纯追逐利润最大化的投资理念完全不同，“固收 +”更加强调对风险的控制，长期的、可持续性的资产增值理念。

工具解读

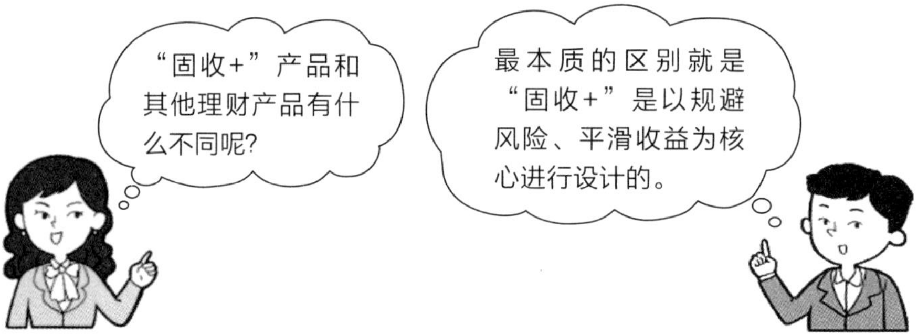

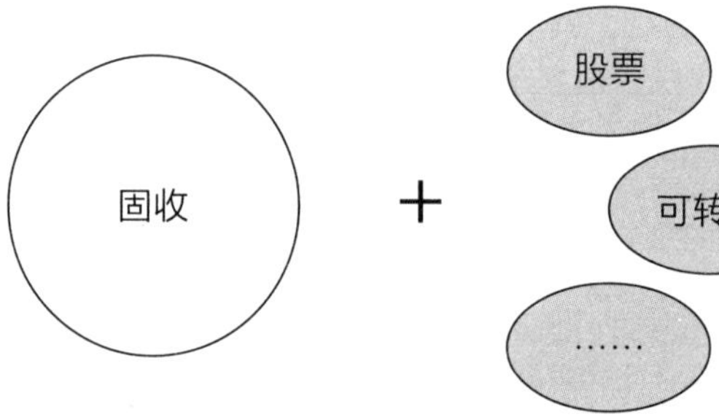

解读

在“固收+”产品策略中，“固收”部分资产属于打底资产，是整个资产配置方案中的安全垫，是在“+”资产出现亏损时也能够保护整个资产安全的最后防线。因而，在所有资产中占据最大部分。

“+”资产在整体资产中占比相对较小，相对而言风险也要高一些，是用于挑战更高收益的资产。

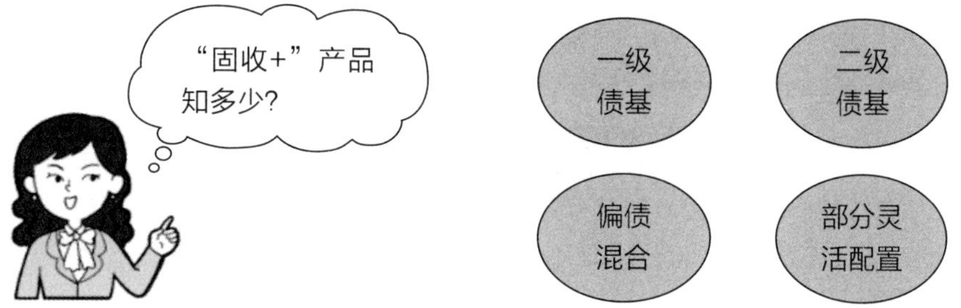

主力产品

- 一级债基：投资于固定收益率产品的金融工具。通过可转债来提升整体资产的收益。可转债占比不超过40%。
- 二级债基：中低风险的债券基金。通过股票来提升整体资产的收益。股票占比不超过20%。
- 偏债混合：中风险的债券股票混合基金。通过股票来提升整体资产的收益。股票占比不超过40%。

一、安全的“固收”资产

工具概述

“固收 +”产品中的固收资产部分，占比是最大的，是整个资产配置中最重要的部分，起到一个中流砥柱的作用。“+”资产部分可以出现亏损，可以面临风险，但“固收”部分资产是不能承受较大风险的。

工具解读

固收规范

- 仓位比例：“固收”部分资产占比一般为80%以上，个别占比可以压缩至70%。
- 配置方向：固收类资产的配置方向相对较窄，只能面向有固定收益的证券产品，包括国债、高等级企业债等。
- 动态调整：通常来说，负责资产配置的管理者需要根据外部环境的变化适度调整，但不能突破固收限额。

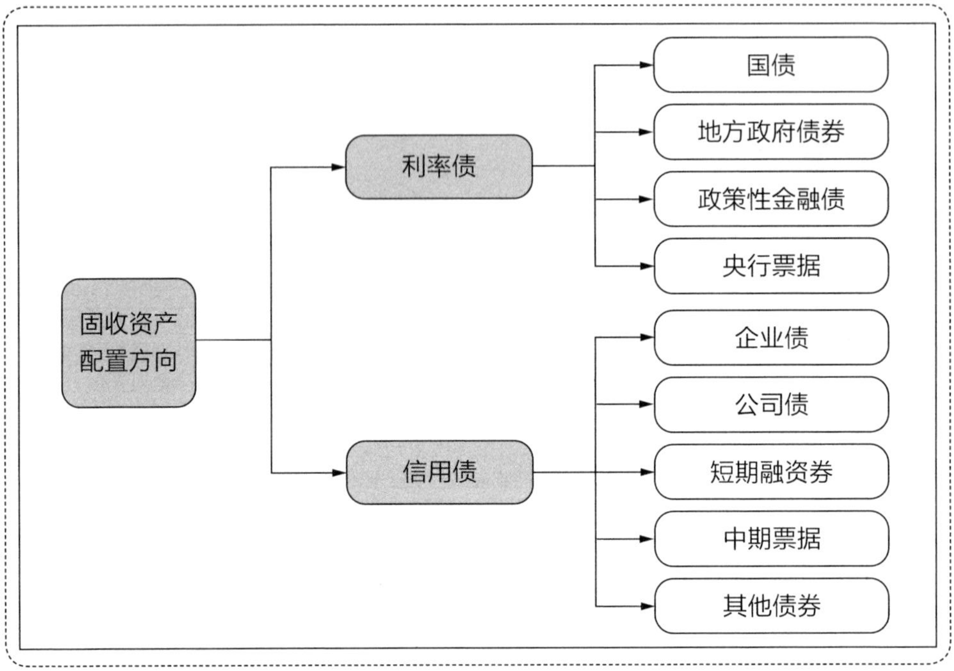

二、富有挑战精神的“+”资产

工具概述

“固收 +”产品中的“+”资产部分，占比不多，却是整个资产投资中最大的变量。很多“固收 +”产品就是靠这个占比不大的“+”实现了资产的超额收益。

工具解读

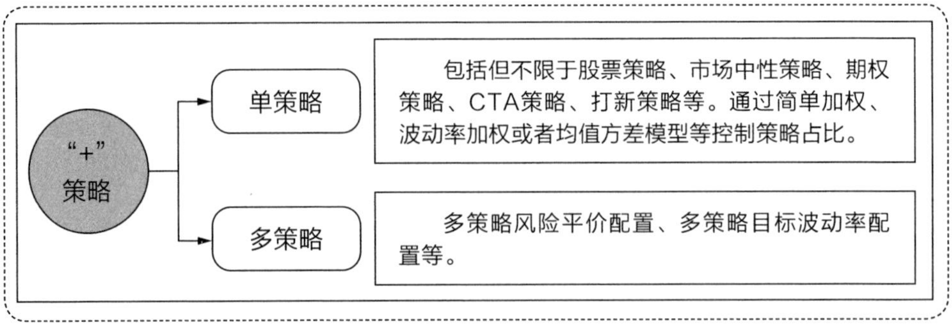

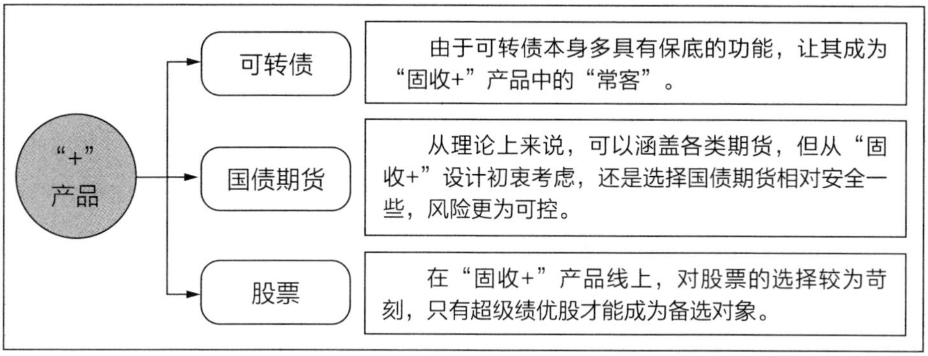

“+”策略是真正能够影响“固收+”产品收益，并使市场上“固收+”产品产生收益差距的原因所在。

第二章
债券投资工具

工具概述

债券是“固收 +”产品中最大的投资类别，也是最为重要的投资类别。债券的选择关系到整个“固收 +”产品的设计初衷能否有效地达成。

工具解读

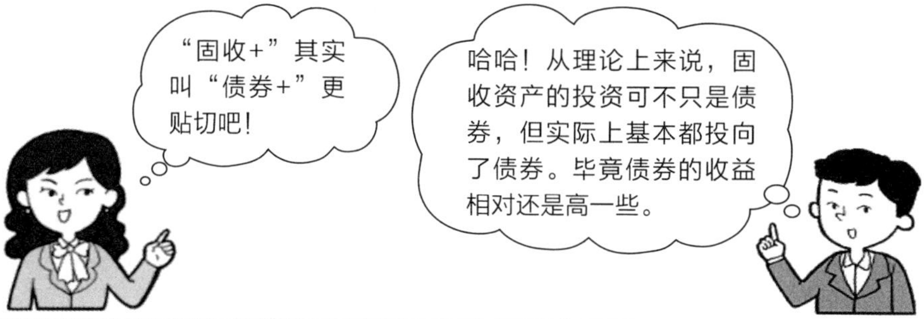

解读	从目前的“固收+”产品体系中可以看出，债券是较有优势的一类产品。债券资产的风险可以无限接近于零（国债），也可以让收益更高，如可转债等。这些都不是简单的货币工具或银行存款能够替代的。

债券核心维度

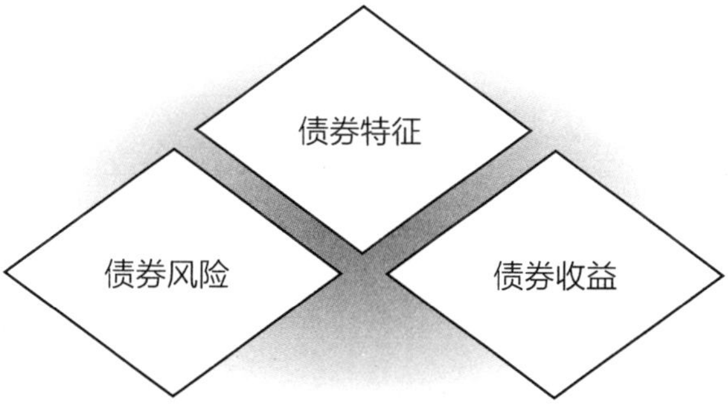

第一节　债券基础认知工具

工具概述

债券本质上是一种债务证明，是由政府、企业或金融机构等向社会借债的一种融资手段，并且承诺在一定时期内还本付息的债务凭证。

工具解读

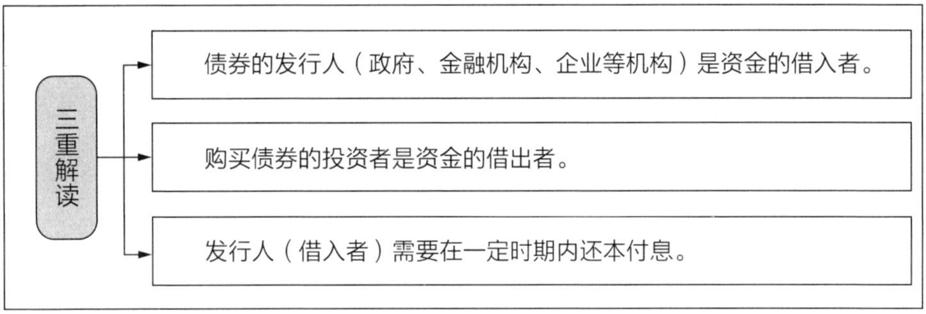

债券的基本要素

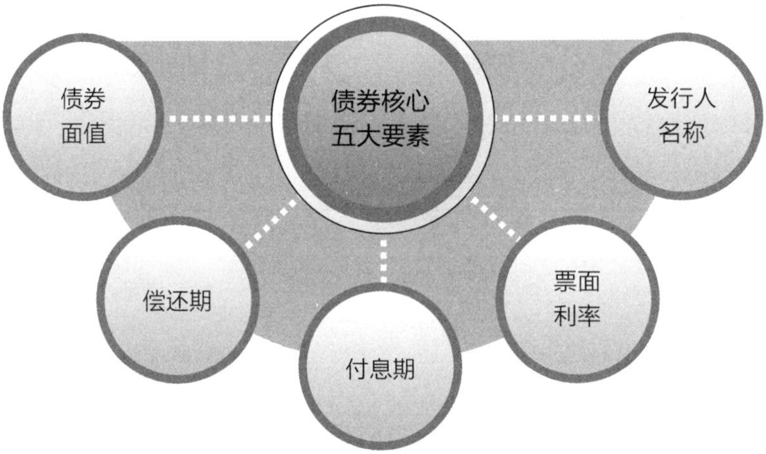

一、债券分类及特点

工具概述

市场上，债券的种类很多，其分类方式也有很多种。不同债券的利率不同，面临的风险也有所不同。

工具解读

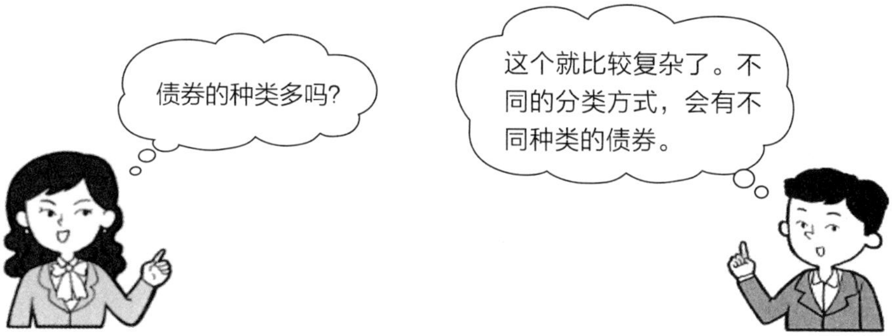

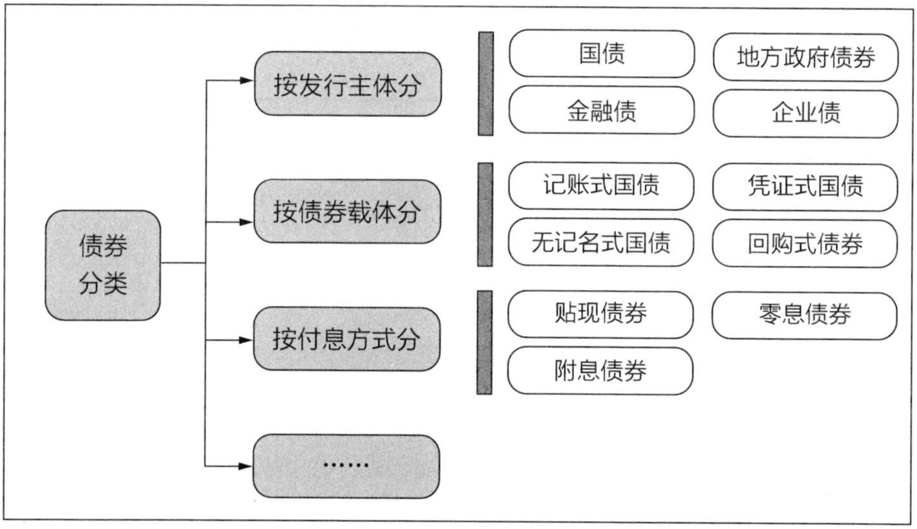

二、债券交易程序与方式

工具概述

通常来说，债券的交易与股票类似，也需要通过委托券商或经纪商来进行债券的交易操作。

工具解读

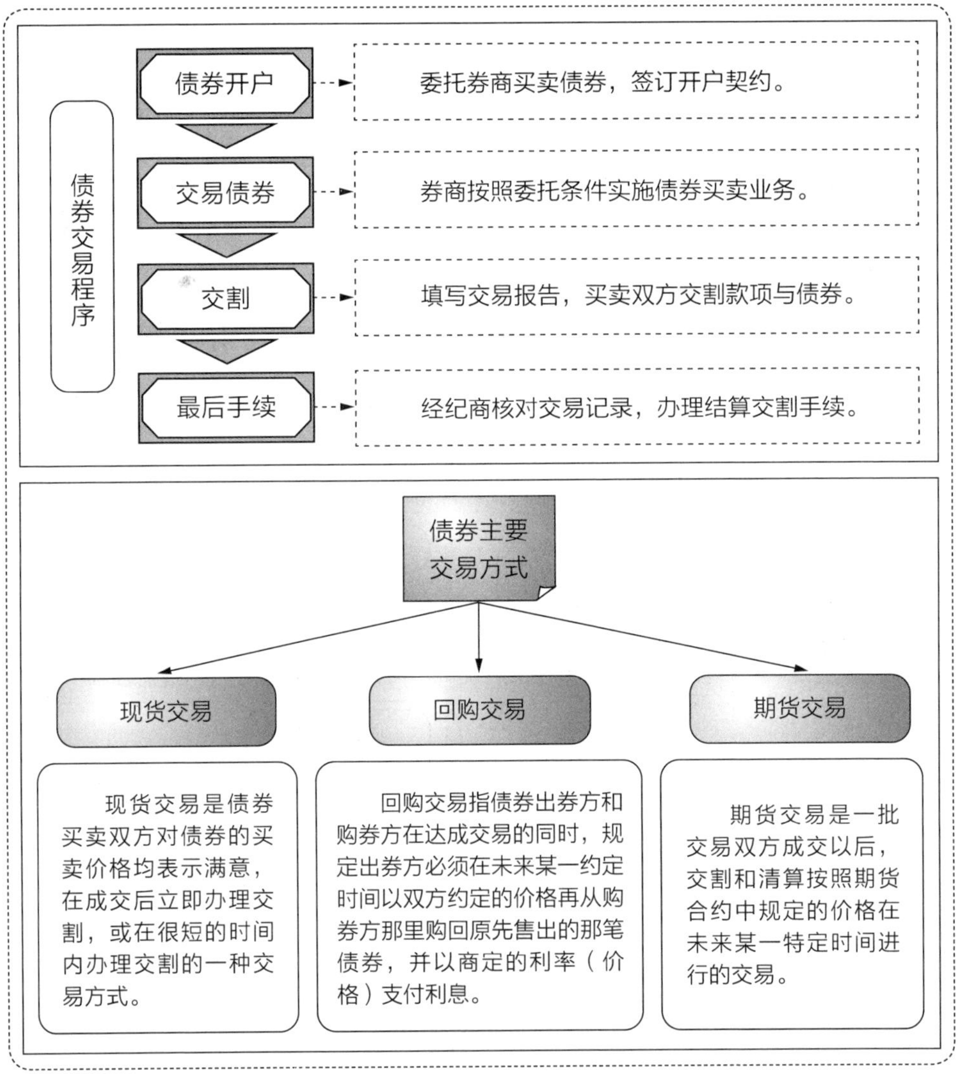

三、债券的交易市场

工具概述

目前，国内的债券交易市场主要包括场内交易市场和场外交易市场以及特殊市场。

工具解读

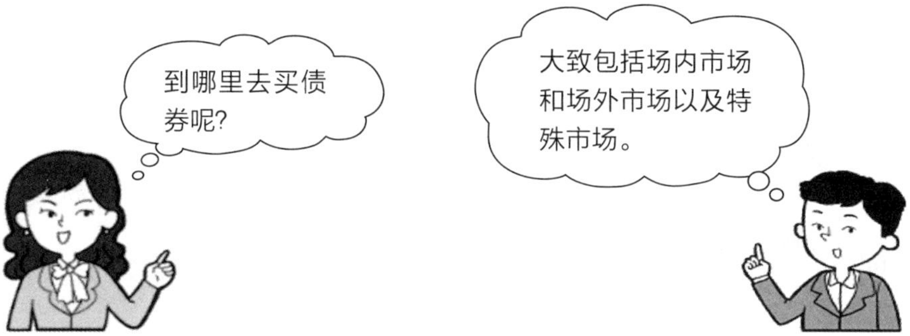

场内交易

- 上海证券交易所：上海证券交易所交易的债券总量占场内市场交易总额的90%以上。投资者可通过证券交易系统购买在上海证券交易所上市的债券。
- 深圳证券交易所：相比于上海证券交易所，在深圳证券交易所上市的债券品种要少很多。

场外交易	场外交易市场，即业界所称的OTC市场，又称柜台交易市场，没有固定的交易场所，也没有固定的会员资格和规范的交易制度。由交易双方在银行或证券公司营业部等机构完成交易。大部分交易标的为国债产品，由双方协商交易价格。
特殊交易	特殊市场，即银行之间交易的市场。银行与银行之间，可进行国债、地方政府债以及企业债等债券交易活动，以改善银行之间的货币流通和供应量。

四、债券发行价格

工具概述

企业或其他机构在发行债券时，债券的票面会注明一定的金额，即票面价值。不过，在正式发行时，也存在发行价格与票面价格不同的情况。

工具解读

五、债券变现：贴现、贴现率、贴现息

工具概述

债券贴现是债券持有人在债券到期前以贴付利息的方式向贴现公司或银行转让债券，兑取现金的融资活动。债券贴现对于持有者来说，是出让债券，提前收回投资，因而必然会损失一定的利息收入。

工具解读

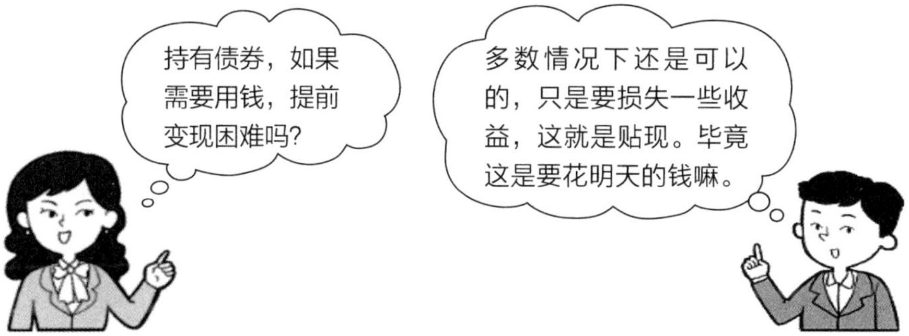

贴现	贴现是指债券持有人或收款人将未到期的债券（商业承兑汇票或银行承兑汇票）背书后转让给受让人，银行按票面金额扣去自贴现日至汇票到期日的利息，将剩余金额支付给债券持票人（出让人）。商业汇票到期，受让人凭票向该汇票的承兑人收取款项。债券持有人或收款人选择了贴现，就意味着不可避免地会受到一些利息、手续费的损失。
贴现率	贴现率是指投资者或债券持有人需要将手中的债券变现，而相关金融机构需要扣除未到期利息时所使用的利率。贴现率通常都要高于票面的利率，因为涉及一些未来现金变现的问题。贴现率一般按人民银行规定的再贴现利率执行，通常会略低于贷款利率。
贴现息	贴现息，从字面上来理解，即为个人或机构倒贴给银行的利息。比如，投资者购买了一款三年期的国债产品，在持有国债并未到期，因个人需要现金不得不将其出售给银行时，就不可能拿到全额的本金和利息。此时，投资者就需要将未到期部分的利息贴给银行。

案例分析

贴现率应用案例——以国债为例

一款三年期国债产品，持有国债票面金额总计为100万元，月利率为6‰。投资者持有该国债产品两年后，因需要现金不得不将其贴现，假如贴现率为每月7‰，则其当前能够兑换多少现金？

国债总值=100×（1+36×6‰）
=121.6万元
贴现息=121.6×（12×7‰）
=10.21万元
那么，投资者贴现后，拿到手中的本息合计：
本息合计=121.6−10.21
=111.39万元

六、债券回购与逆回购、久期、杠杆

工具概述

债券在运作过程中不只是将资金换成债券那么简单，还会通过质押、回购等方式提升资金的利用效率。

工具解读

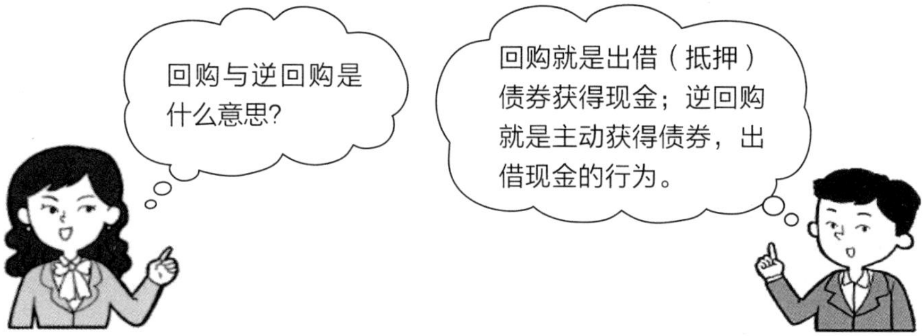

回购

债券交易双方在进行债券交易的同时，会以契约的方式约定债券发行方回购债券的期限和本金。其中，债券发行方（正回购方）向债券买入方（逆回购方）再次回购该债券的行为，就称之为正回购（或回购）。

凡是将债券出借（抵押），并获得资金的行为，都可以称之为正回购。

逆回购

逆回购指资金融出方将资金融给资金融入方，收取有价证券作为质押，并在未来收回本息，并解除有价证券质押的交易行为。

凡是主动出借资金获得债券的行为，都可称之为逆回购。

案例	央行为了释放流动性，会主动向一些银行或证券公司购买债券，以增加市场上的货币量。这就属于典型的逆回购操作。

久期

久期，即持续期，是指债券在未来产生现金流的时间的加权平均，其权重是各期现金流现值在债券价格中所占的比重。从本质上来说，久期就是一种时间加权平均概念，越是长债基金，其持仓债券的久期越长；越是短债基金，其持仓债券的久期越短。久期的计算涉及现金流折现以及加权平均等问题，本书不作展开讲解。

杠杆

杠杆是指将借到的货币追加用于现有投资上。目前，很多债券基金都使用了杠杆投资的方法，即通过将手中持有的债券抵押给金融机构，以获得货币资金，然后再用获得的货币资金再次买入债券。这也是很多债券基金的持仓总额超过100%的原因所在。

第二节 债券收益认知工具

工具概述

投资债券的收益主要来自票息利率。而债券在发行时所约定的利率又与整个市场环境有关。

工具解读

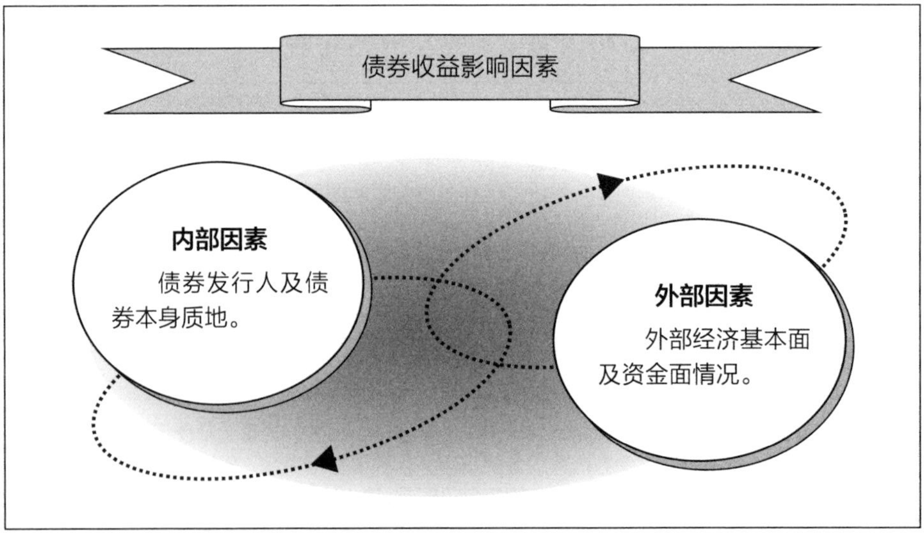

影响债券收益的外部因素

外部因素

- **市场利率及预期利率**：债券价格与市场利率呈现负相关的关系。当市场利率走高时，债券吸引力下降，价格自然下行；反之亦然。
- **通货膨胀**：市场物价上行，通货膨胀走高时，大家更加倾向于能够保值的物资，如黄金等。债券价格自然走低。
- **市场资金面**：一般来说，当市场资金面宽松时，债券的需求增加，价格也会走强。
- **市场供需**：整个债券市场的供给与需求也会对债券价格产生一定的影响。供给远远大于需求，债券价格就会走弱。

影响债券收益的内部因素

内部因素

- **票面价值**：票面价值是债券所承诺偿还给债券持有人的金额，也被称为面值或本金。面值越大，债券价格越高。
- **票息率**：票息率越高，债券的价值越大，债券价格越高。
- **债券期限**：债券期限越长，票面利率相对也会越高。
- **债券品种**：债券品种不同，其所面临的风险也不同，利率也会有所区别。国债就比企业债的利率要低。
- **信用等级**：债券发行人的信用等级，反映了债券持有者所要面临的风险。信用等级越低的债券，利率可能也会越高，但风险也会更大。

一、票息利率：零息、定息与浮息债券

工具概述

投资者买入债券就是为了获得利息，按照债券利息的支付形式，大致可以分为零息债券、固定利息债券和浮动利息债券三种。

工具解读

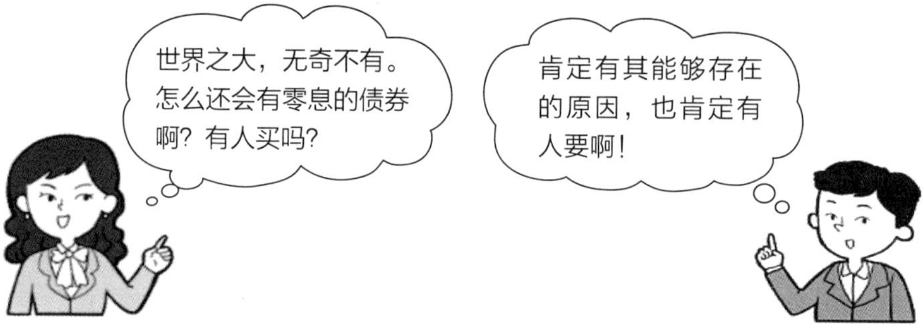

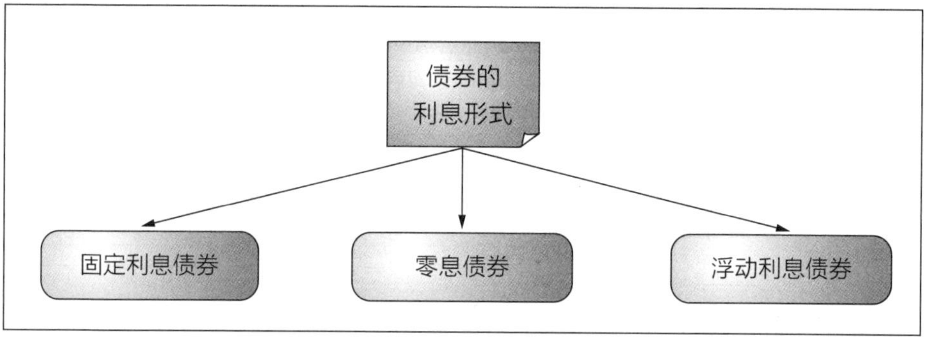

影响债券收益的内部因素

固定利息债券	固定票息债券	以固定不变票息发行的债券，如固定票息为6%，即每年按债券面值的6%支付利息。
	票息递增债券	债券票息随着时间的变化而增长。比如，某只债券前两年的票息为5%，第三、四年为5.5%，第五年为6%。

票息利率说明投资者在债券投资期限内能够获得的利息，也影响着债券价格对市场利率变化的敏感性。债券利率越高，其他条件不变的情况下，市场利率变化对债券价格的影响就越小。

零息债券

零息债券尽管不支付利息，但持有债券的投资者肯定是能够获得一定的回报，否则也就没有投资者愿意买了。

一般来说，零息债券都是会采取较大折扣发行的，到期再按照票面金额赎回，投资者就可以挣这部分差价了。比如，100元面值的债券以65元价格发售，到期再以100元的价格回收。

浮动利息债券

浮动利息债券，即债券票面利息是可变的，是会随着市场利率的变化而调整的一种债券。这种债券更容易吸引金融机构投资者的参与。

通常来说，这类债券的票面利率按照如下公式计算：

债券利率=参考利率+报价利差

其中，参考利率多为行业公认的某一利率标准，如5年期国债收益率或贷款市场报价利率（LPR）等。

报价利差则会因市场环境的不同而有所不同，可以为负值，如（±50个基点）等。

报价利差往往与市场融资环境、债券发行人的信用等级有直接的关系。市场融资环境较佳，债券发行人的信用较好，利差就可能为负值。

二、债券的当期收益率与到期收益率

工具概述

当期收益与到期收益都是衡量债券收益的重要指标，二者之间最主要的区别在于当期收益反映了当年债券的利息收益，而到期收益则涵盖了持有债券所获得的所有收益。

工具解读

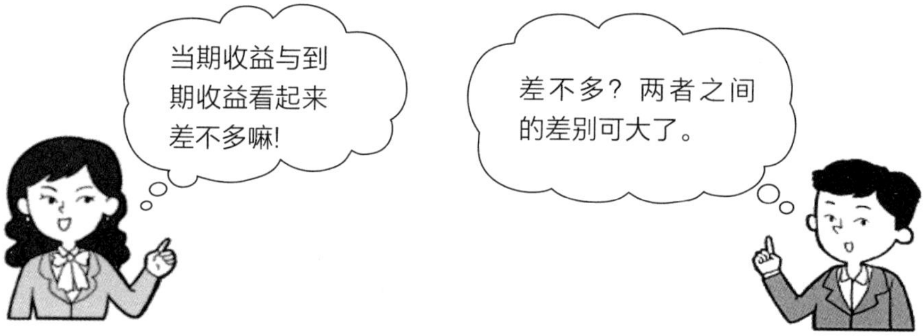

债券收益的构成

票息	发行人支付的利息。这是债券最主要的收益来源。
价差	债券交易者在交易债券过程中获得的价差（有可能为负数）。
中期现金流再投资收益	投资者持有债券过程中，将获得的利息收益再投资获得的收益。

当期收益率

当期收益率通常是指当期债券所获得的利息与债券的市场价格之比。若债券出现折价时，其当期收益率会高于票面利率；反之，则会低于票面利率。

计算案例

当期收益率=当期债券的票息/当期债券的市场价格

假如某只债券面值为100元，当期的票息为6%，而当时债券的市场价格为95元，则其当期收益率为：

当期收益率=（100×6%）/95元

=6.32%

到期收益率

到期收益率的计算方法相对比较复杂，而且计算方法也有很多。毕竟债券持有到期时，所获得的收益包括很多方面，包括利息收入、价差收入，理论上还要包括债券利息再投资收入，理论上还需要对未来获得的现金进行折现。当然，在具体计算时，有时会采取相对简单的方法。

计算案例

到期收益率=（收回金额−购买价格+总利息）/（购买价格×总期数）×100%

假如某只债券面值为100元，当期的票息为5.5%，5年还本。而第一年初期债券的市场价格为95元，则其持有到期的收益率为：

到期收益率

=[100×5.5%×5+(100−95)]/95×5×100%

=6.84%

注意：上述案例并未考虑持有债券期间获得利息再投资的收益，也没有考虑现金流折现的问题。总之，这是一种简化版的到期收益率计算方法。

三、债券价格与市场利率

工具概述

债券市场普遍存在这样一个关系，即债券价格与市场利率之间存在一定的负相关关系，即当市场利率走高时，债券价格走低；反之，则债券价格会走高。

工具解读

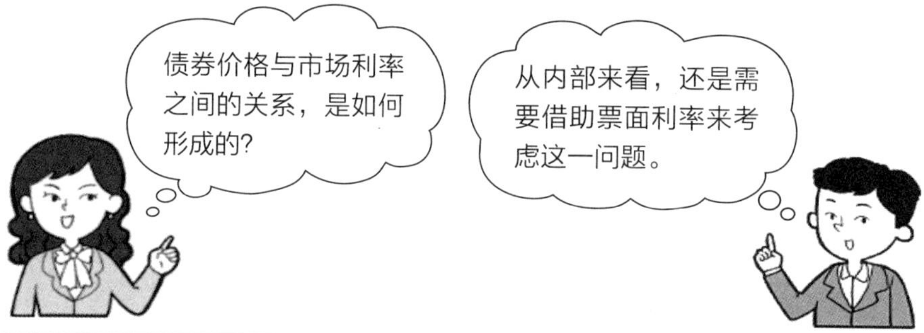

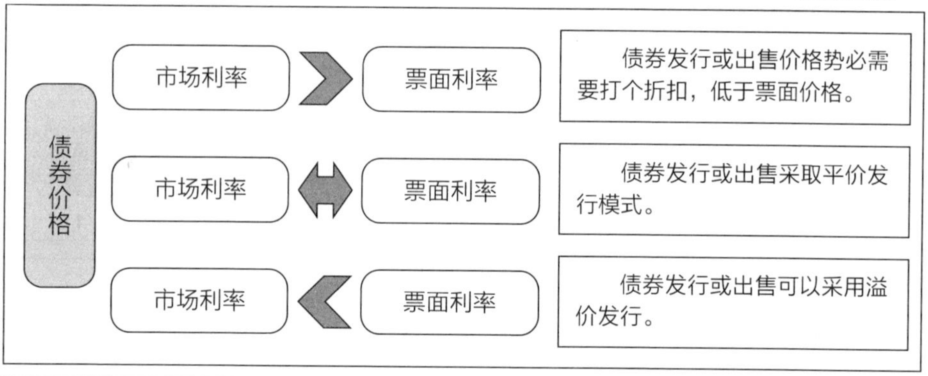

解读	在债券市场上，债券价格本身就是各方面因素综合作用形成的一个结果。当市场利率发生变化时，债券票面利率不会改变。因此，当市场利率走高时，就意味着市场利率在与票面利率的对比中占据了优势，市场资金购买债券的意愿会走低，债券价格势必会走低；反之，当市场利率走低时，在与票面利率的对比中，就会呈现一些劣势，市场资金会更加倾向购买债券，债券价格就会走高。

四、债券价格与到期时间

工具概述

从投资者的角度来看，债券到期时间越长，所需面对的风险也越大，债券价格的波动也越剧烈。

工具解读

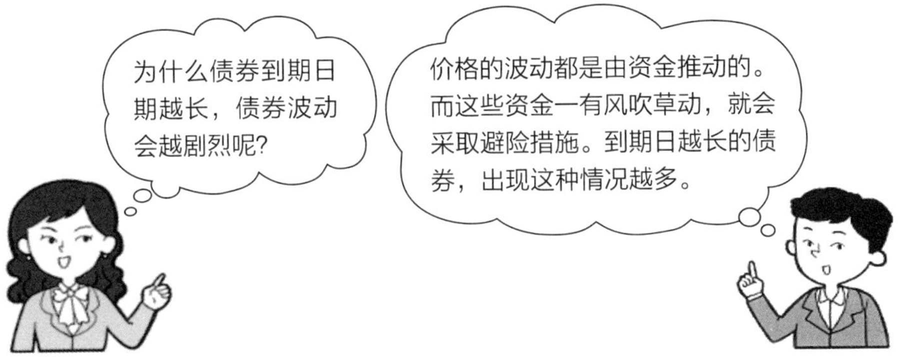

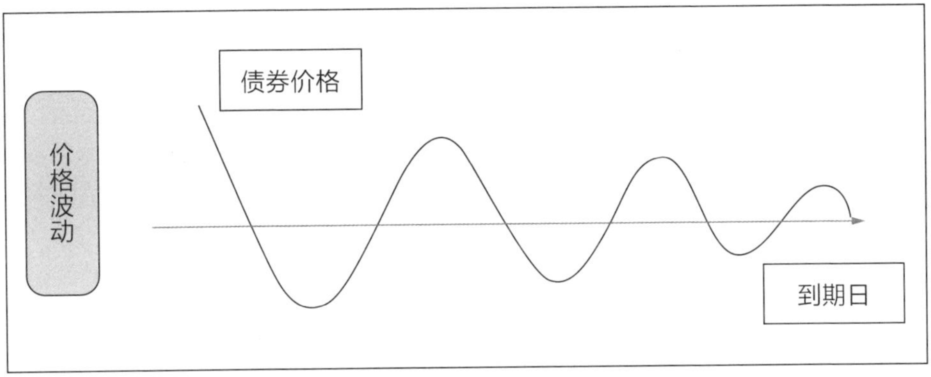

解读	距离到期日越远，不可控因素就容易发挥作用，市场对债券价格的敏感度会更高，表现在债券价格走势方面，价格波动的幅度就会很大。随着到期日的临近，这些不可控因素就会逐渐减少，债券价格波动就会逐渐减弱，直至趋近于债券票面价格。

第三节　债券风险认知工具

工具概述

投资债券的收益主要来自票息利率。而债券在发行时所约定的利率又与整个市场环境有关。

工具解读

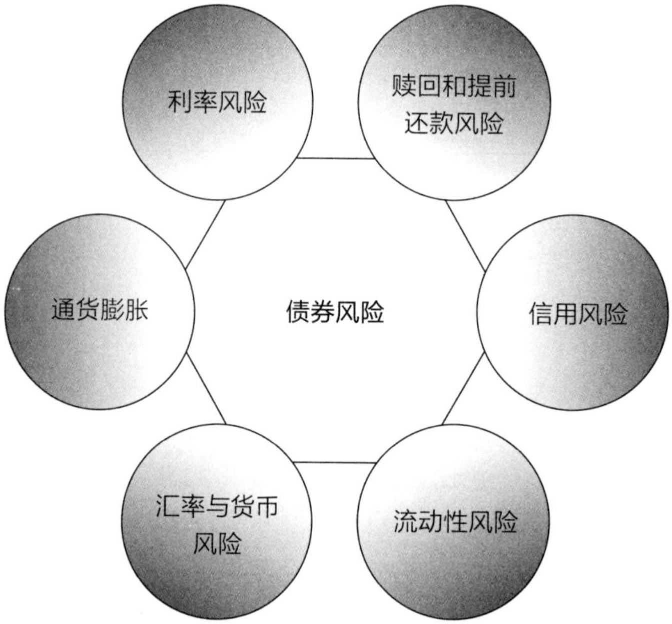

解读

在不同的时段，债券可能会面临上述风险中的一项或多项。债券价格的波动，其实从本质上也反映了债券所面临的风险。

一、利率风险

工具概述

利率风险是指债券价格因市场利率的波动而带来的风险。在前面介绍债券收益时，也提及了市场利率方面的因素。

工具解读

解读	市场上的投资者总是倾向于选择收益更高的产品。而债券票面利率多为固定利率，因而，当其与市场利率的对比关系发生变化时，持有债券的投资者必然会面临一定的风险。特别是当市场利率走高时，持有债券的投资者想要变现时，不得不折价卖出手中的债券，这就使持有债券的投资者产生了一定的亏损。

案例分析

假如投资者按照面值价格（100元）买入了票息为5%的债券。此后，若市场利率上涨至6%，则持有债券者想要卖出手中的债券，势必需要进行一定的折让。其计算方法如下：

债券价格=（1+5%）×100元/（1+6%）
=99.057元

也就是说，债券持有者想要将手中的债券兑现，必须将债券的价格降至99.057元以下，才能具有吸引力。

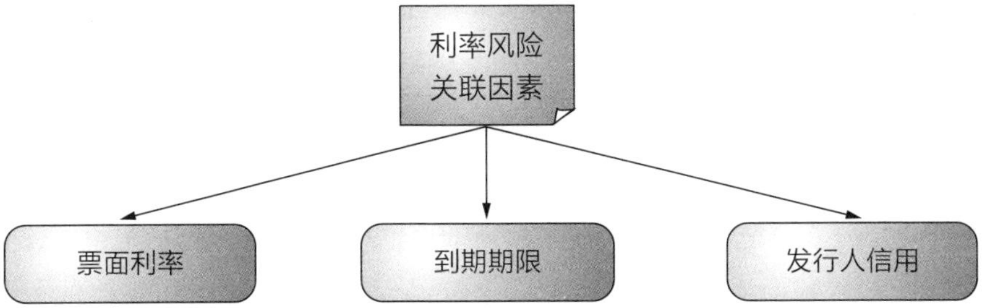

票面利率与利率风险	
解读	前面的案例解释了市场利率波动对债券价格造成的影响。其实，这种影响主要是市场利率与票面利率的相对关系变化产生的。若票面利率能够维持在较高水平，那么，这种影响势必会减弱。假如某只债券的票面利率达到了8%，那么，市场利率从5%提升至6%，对债券价格尽管也会造成一定的影响，但这种影响相对要小很多。

到期期限与利率风险	
解读	前面的案例解释了到期期限与债券价格波动的关系。其实，这种波动的背后也有利率风险的因素。在票面利率一定的前提下，债券距离到期日越久，债券价格对市场利率的波动也就越敏感。毕竟，到期期限越长的债券，其到期收益就要涉及一定现金流折现的问题。到期期限越长，就相当于债券的价格、债券的票面利率越低，也就使得债券价格对利率变动的反应更为敏感。

发行人信用与利率风险	
解读	任何时候，发行人信用都会对债券价格产生较大的影响。毕竟信用不佳的企业，更容易出现违约风险。关于信用风险的问题，投资者可以通过各类债券的信用评级来查询。

二、信用风险

工具概述

信用风险，通常被认为是债务人未能履行对债权人责任（及时偿付本金或利息）的风险。从本质上来说，这属于一种违约风险。

工具解读

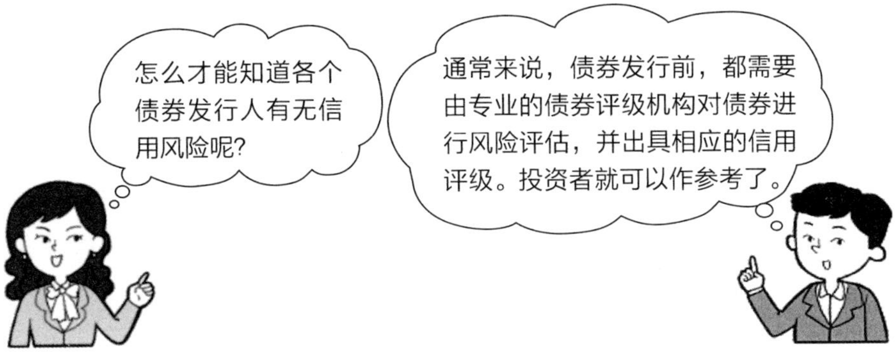

债券评级机构

国内债券评级机构

1. 中诚信
2. 东方金诚
3. 大公国际
4. 联合信用

国际债券评级机构

1. 穆迪投资者服务公司
2. 标准普尔公司
3. 惠誉评级机构

评级等级

- 高等级：多数机构用AAA、AA、A符号
- 中等级：多数机构用BBB、BB、B符号
- 低等级：多数机构用CCC、CC、C符号，有些机构还会有更低的D级

三、大公国际评级

工具概述

大公国际评级是目前投资市场上认可度非常高的一种评级。大公国际1994年经过人民银行和原国家经贸委批准成立，是面向全球的国际信用评级机构，是世界上第一家向全球提供国家信用风险信息的非西方国际评级机构。大公参与国际信用评级体系改革，是争取国际评级话语权的本土信用评级机构的代表。

工具解读

报告名称	主体级别	债项级别	展望	评级时间
荆门市东宝区城乡建设投资有限公司主体与相关债项2023年度跟...	AA-	AAA	稳定	2023-06-27
交通银行股份有限公司2023年第一期金融债券信用评级报告	AAA	AAA	稳定	2023-06-21
湖南建工集团有限公司2023年面向专业投资者公开发行公司债券...	[illegible]	[illegible]	稳定	2023-06-20
陕西投资集团有限公司2023年度第三期中期票据信用评级报告	[illegible]	[illegible]	——	2023-06-14
2023年第二期北京市基础设施投资有限公司公司债券信用评级报...	AAA	AAA	稳定	2023-06-14
中国东方航空股份有限公司2023年度信用评级报告	AAA	——	——	2023-06-09

信用评级

上图给出了大公国际评级最近一段时间的评级报告。从该评级报告中可以看出，大公国际的评级报告不仅提供了主体信用级别，还提供了债券信用等级以及未来的信用展望。

评级基础	从信用风险的内涵出发，采用“基础信用评价与外部支持分析相结合”的逻辑框架，确定评级对象的最终信用评级。

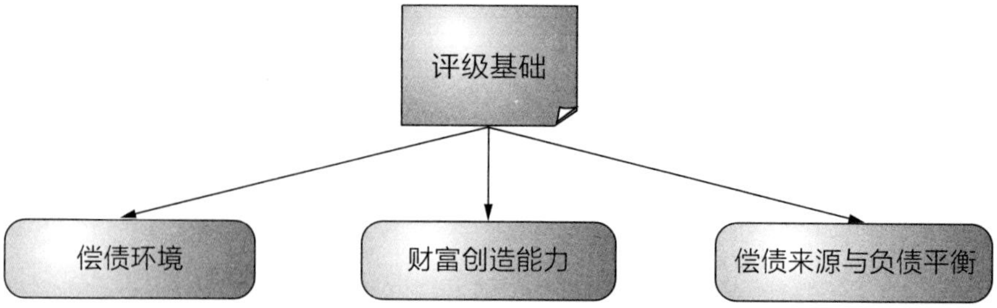

评级框架

偿债环境		
	宏观环境	国家宏观政治环境、经济环境对企业的影响。
	行业环境	针对行业固有风险、行业系统性风险等因素进行分析。
	区域环境	区域经济、地方政府对行业的监管与扶持政策等。

财富创造能力		
	市场竞争力	考察市场地位、经营多样性、成本控制能力、销售能力、销售区域多样性、研发与技术实力、产业链延伸情况等。
	运营能力	主要评估评级对象实际运营过程中的运营效率与效益，包括资产周转速度与效率等。
	可持续发展能力	针对评级对象未来发展空间的开拓性、稳定性和成长性的评价指标。

偿债来源与负债平衡		
	偿债来源	用来偿债资金的来源，包括盈利、筹资能力以及可变现资产等。
	债务与资本结构	对债务负担和未来偿债风险进行评估，包括债务负担、融资方式结构、利息支出等。
	保障能力分析	偿债来源与负债匹配度评级，包括对评级对象流动比率、现金与短期有息债务比等指标进行考察。
	现金流量分析	重点评价生产经营中产生的可自由支配的现金流。

大公国际评级等级

评级等级		
	高等级	用AAA、AA、A符号
	中等级	用BBB、BB、B符号
	低等级	用CCC、CC、C符号

注：从AA级到B级可以通过“+”“–”进行微调。

四、中诚信评级

工具概述

中诚信集团创始于 1992 年 10 月，前身是经中国人民银行总行批准设立的中国诚信证券评估有限公司——中国第一家全国性从事信用评级、金融证券咨询和信息服务等业务的非银行金融服务机构。

工具解读

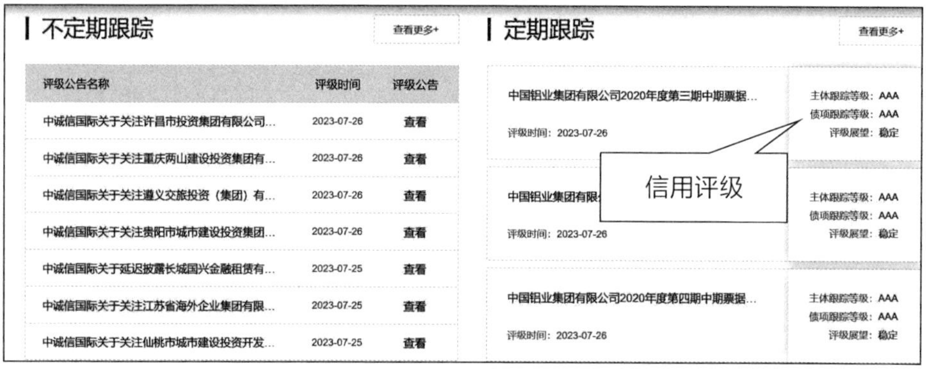

不定期跟踪　　查看更多+

评级公告名称	评级时间	评级公告
中诚信国际关于关注许昌市投资集团有限公司...	2023-07-26	查看
中诚信国际关于关注重庆两山建设投资集团有...	2023-07-26	查看
中诚信国际关于关注遵义交旅投资（集团）有...	2023-07-26	查看
中诚信国际关于关注贵阳市城市建设投资集团...	2023-07-26	查看
中诚信国际关于延迟披露长城国兴金融租赁有...	2023-07-25	查看
中诚信国际关于关注江苏省海外企业集团有限...	2023-07-25	查看
中诚信国际关于关注仙桃市城市建设投资开发...	2023-07-25	查看

定期跟踪　　查看更多+

中国铝业集团有限公司2020年度第三期中期票据...
评级时间：2023-07-26
主体跟踪等级：AAA
债项跟踪等级：AAA
评级展望：稳定

中国铝业集团有限...
评级时间：2023-07-26
主体跟踪等级：AAA
债项跟踪等级：AAA
评级展望：稳定

中国铝业集团有限公司2020年度第四期中期票据...
评级时间：2023-07-26
主体跟踪等级：AAA
债项跟踪等级：AAA
评级展望：稳定

信用评级

上图给出了中诚信国际最近一段时间的评级报告。从该评级报告中可以看出，中诚信的评级报告分为不定期跟踪、定期跟踪、初始评级、终止评级等。

评级基础	对风险相关性和风险传递性的分析是中诚信评价体系建立的起点。评价操作过程中，一方面考虑影响业务的风险要素；另一方面用量化模型评估受评主体的财务风险。

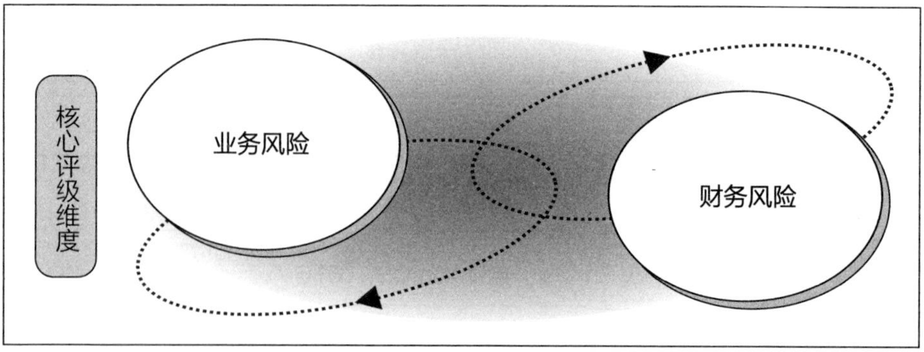

评级框架

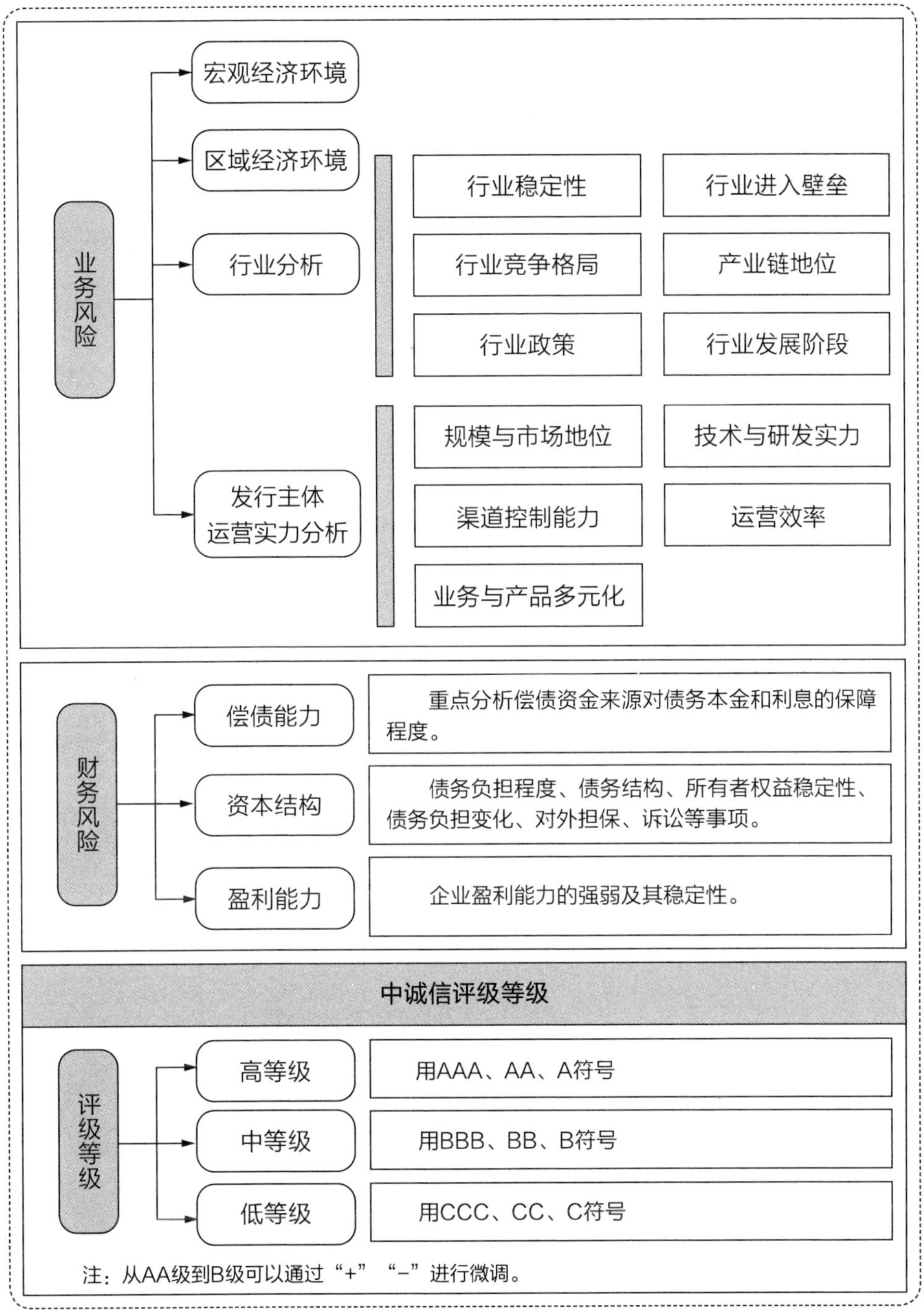
业务风险
宏观经济环境
区域经济环境
行业分析
行业稳定性
行业进入壁垒
行业竞争格局
产业链地位
行业政策
行业发展阶段
发行主体运营实力分析
规模与市场地位
技术与研发实力
渠道控制能力
运营效率
业务与产品多元化
财务风险
偿债能力
重点分析偿债资金来源对债务本金和利息的保障程度。
资本结构
债务负担程度、债务结构、所有者权益稳定性、债务负担变化、对外担保、诉讼等事项。
盈利能力
企业盈利能力的强弱及其稳定性。
中诚信评级等级
评级等级
高等级
用AAA、AA、A符号
中等级
用BBB、BB、B符号
低等级
用CCC、CC、C符号
注：从AA级到B级可以通过“+”“–”进行微调。

五、东方金诚评级

工具概述

东方金诚评级服务涵盖了地方政府、金融机构、非金融机构、结构融资等业务类型，可为境内外发行人在中国债券市场发行的所有债券品类开展评级，为境内外投资人参与中国债券市场提供服务。

工具解读

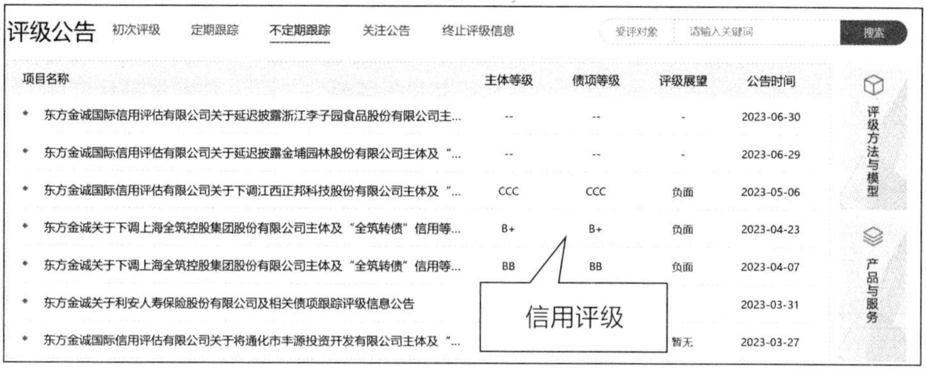

项目名称	主体等级	债项等级	评级展望	公告时间
东方金诚国际信用评估有限公司关于延迟披露浙江李子园食品股份有限公司主...	--	--	-	2023-06-30
东方金诚国际信用评估有限公司关于延迟披露金埔园林股份有限公司主体及“...	--	--	-	2023-06-29
东方金诚国际信用评估有限公司关于下调江西正邦科技股份有限公司主体及“...	CCC	CCC	负面	2023-05-06
东方金诚关于下调上海全筑控股集团股份有限公司主体及“全筑转债”信用等...	B+	B+	负面	2023-04-23
东方金诚关于下调上海全筑控股集团股份有限公司主体及“全筑转债”信用等...	BB	BB	负面	2023-04-07
东方金诚关于利安人寿保险股份有限公司及相关债项跟踪评级信息公告				2023-03-31
东方金诚国际信用评估有限公司关于将通化市丰源投资开发有限公司主体及“...			暂无	2023-03-27

上图给出了东方金诚最近一段时间的评级报告。从该评级报告中可以看出，东方金诚的评级报告分为不定期跟踪、定期跟踪、初次评级、终止评级等。

评级基础

东方金诚信用评级的基础依赖于三项假设：其一，持续经营假设；其二，企业业务结构相对稳定假设；其三，治理和数据可靠性假设。

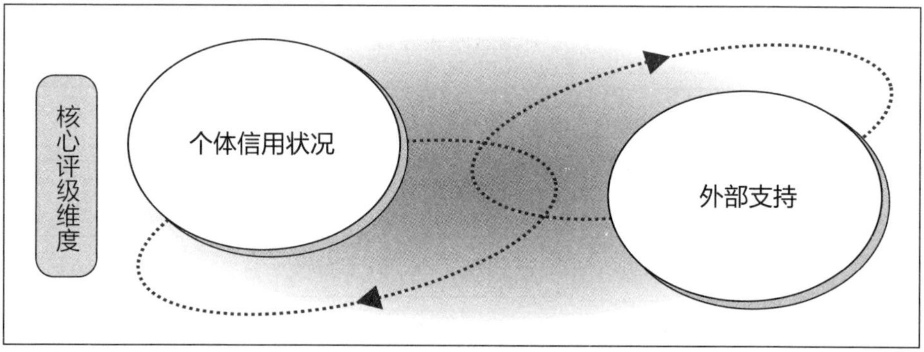

评级框架

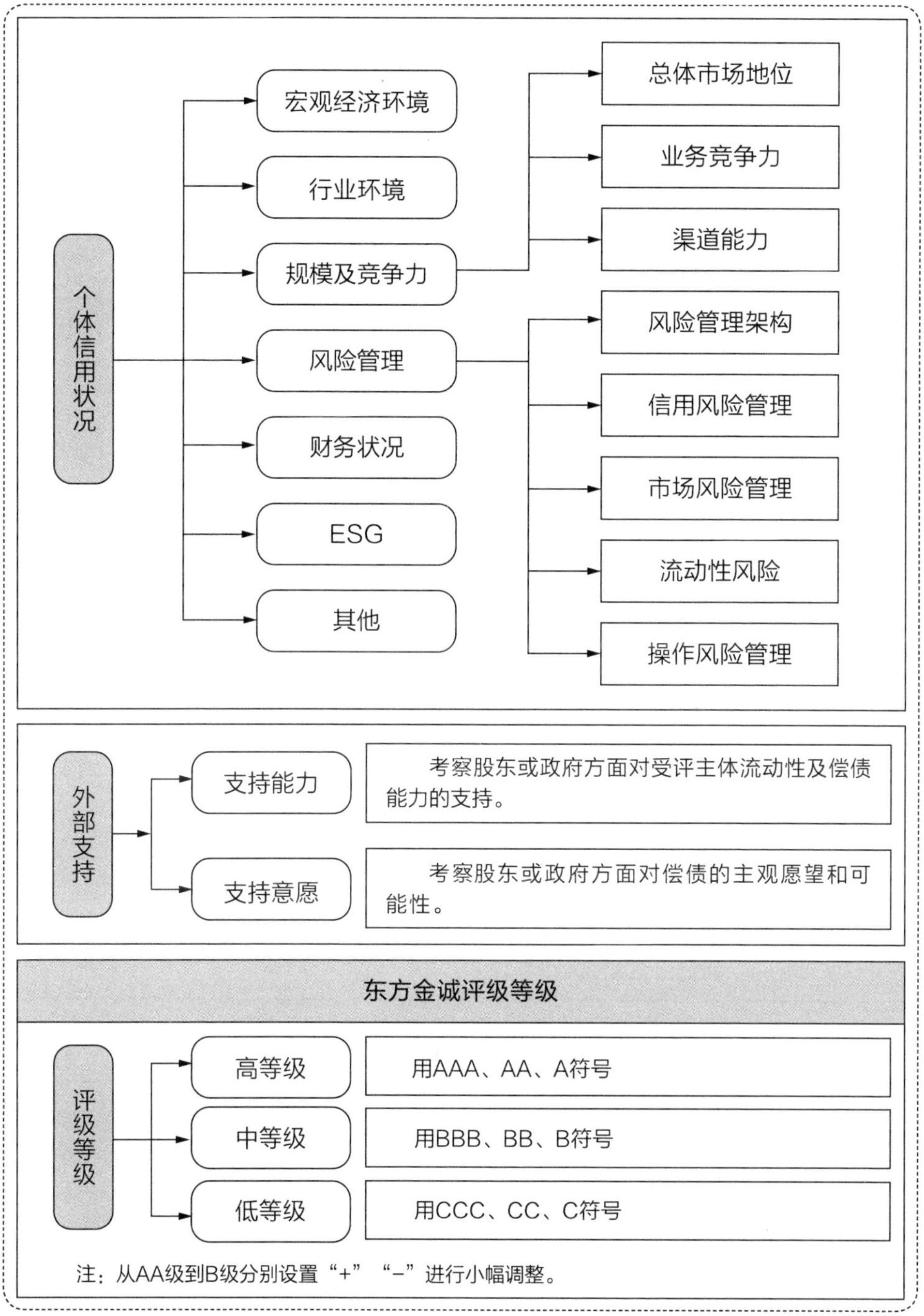
个体信用状况
宏观经济环境
行业环境
规模及竞争力
风险管理
财务状况
ESG
其他
总体市场地位
业务竞争力
渠道能力
风险管理架构
信用风险管理
市场风险管理
流动性风险
操作风险管理
外部支持
支持能力
考察股东或政府方面对受评主体流动性及偿债能力的支持。
支持意愿
考察股东或政府方面对偿债的主观愿望和可能性。
东方金诚评级等级
评级等级
高等级
用AAA、AA、A符号
中等级
用BBB、BB、B符号
低等级
用CCC、CC、C符号
注：从AA级到B级分别设置“+”“−”进行小幅调整。

六、流动性风险

工具概述

流动性风险是指因债券卖出方与买入方存在明显的价差而形成的风险。价差越大，流动性风险也就越大。

工具解读

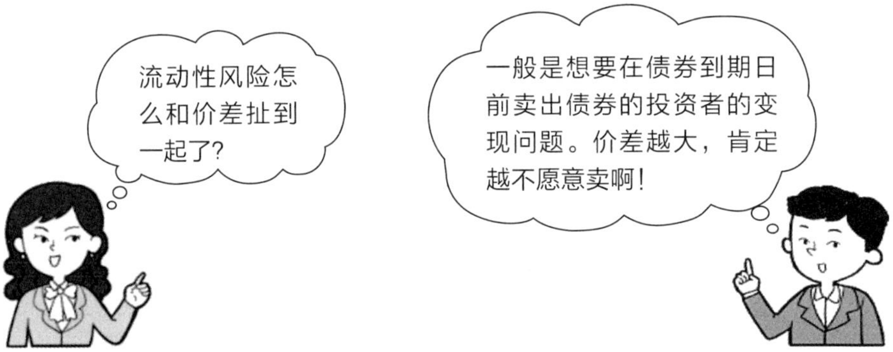

衡量流动性的维度

- 交易即时性：是否能够随时变现，是衡量流动性最主要的指标。
- 交易规模
- 交易成本

交易规模与成本都可以通过对价格的冲击来评估。

解读

流动性是金融市场参与者迅速进行大量金融交易，而不会导致资产价格剧烈波动的市场性质。也就是说，在卖出债券时，是不是需要用比市场价格更低的价格出售。当手中的债券足够多或者债券市场交易非常清淡时，想要在短期内变现就会非常困难，有时不得不接受远低于市场报价的价格卖出债券，这就是流动性风险较大的一种表现。

七、赎回和提前还款风险

工具概述

提前还款风险，一般出现在可赎回债券上。这类债券赋予了债券发行人在某一时间内强制收回债券的权利。而此时投资者将面临不利的局面。

工具解读

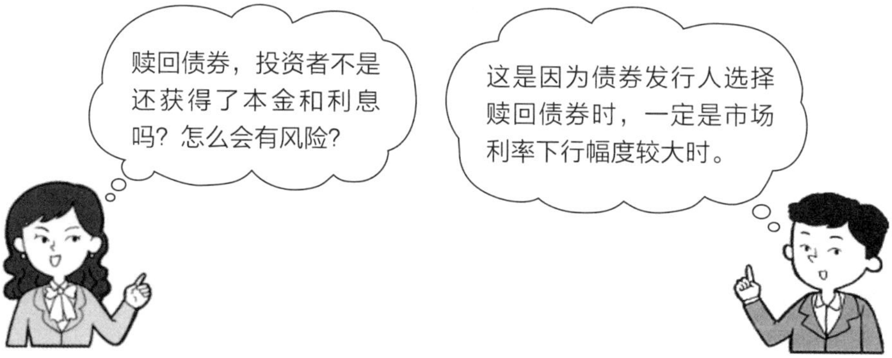

解读	可赎回债券与其他债券不同。可赎回债券允许发行人提前赎回债券。该条款使得这类债券在市场利率下行时，价格并不会像其他债券一样上扬。毕竟大家都清楚，市场利率越下行，发行人越有可能提前赎回债券，即在市场利率下行时，面临较大的赎回风险。

提前还款风险

面对发行人的提前赎回，投资者除了交换债券拿回本息，别无他法。同时，由于市场利率已经大幅下行，想要将拿回的资金再进行投资，必须接受更低的利率，这就是提前还款的风险了。

八、通货膨胀

工具概述

通货膨胀的走高，会让投资者未来到手现金流的购买力下降，这就造成了一定的通货膨胀风险。

工具解读

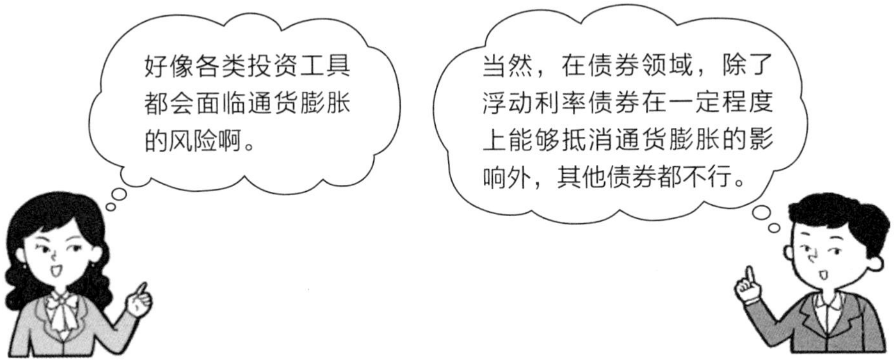

解读

通常来说，债券的票面利率都会高于市场利率，这是由于债券的票面利率在几年内都是固定不变的，而通货膨胀是随时存在的。也就是说，从债券发行初始，就考虑了通货膨胀的因素。不过，若通货膨胀出现大幅走高的情况，也就意味着债券的现金购买力出现了下降。这就是债券持有者需要面对的风险。

通货膨胀风险

假如一只债券的票面利率为5%，而当通货膨胀达到5%，甚至6%、7%时，意味着债券持有人不仅无法通过持有债券获得利息，甚至陷入了利息的困境。毕竟购买力相对下降了。

九、汇率风险

工具概述

针对面向国内投资市场发行的债券产品来说，汇率风险几乎是不存在的。但一些以外币计价发行的债券却不得不面对这一问题。

工具解读

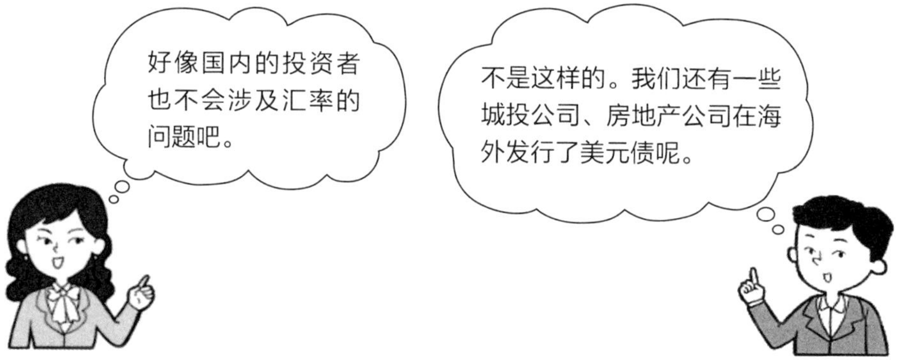

解读	由于货币不同，而货币之间的汇率总是处于变化之中，这就使得投资以外币计价产品的投资者不得不面对汇率波动的风险。比如，国内投资者购买以美元计价的债券，若美元相对人民币出现贬值，则意味着手中债券可兑现人民币的数额必然会出现损失，这就是汇率风险。

中资美元债

从设计角度来看，很多企业发行中资美元债所面向的都是境外投资者。不过，由于境外投资者对中资企业了解不多，购买意愿并不强烈，致使很多中资美元债的购买方多为国内投资机构及其境外分支机构。

第三章
利率债投资工具

第一节　利率债认知工具

工具概述

利率债，顾名思义，是以承担利率风险为主的债券。利率债主要包括国债、地方政府债券、央行票据等，基本没有什么风险。

工具解读

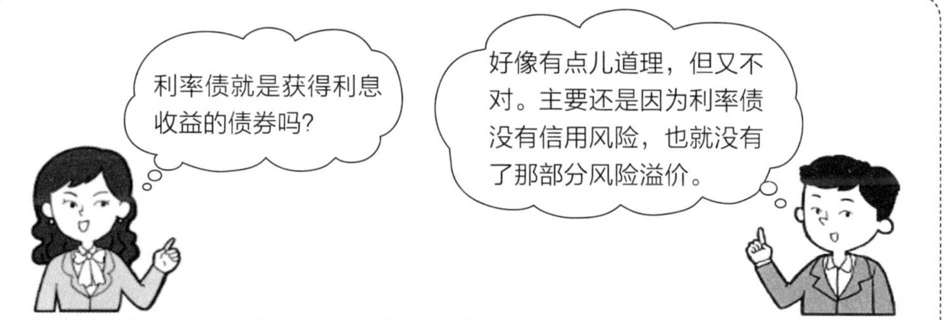

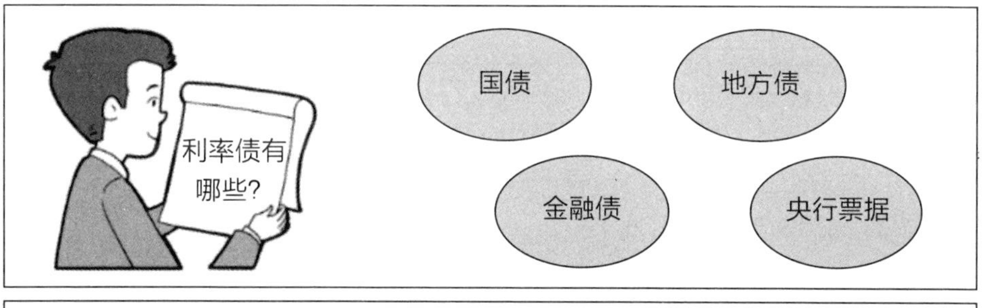

典型特征

- 安全性高：几乎没有投资风险，安全性高。
- 收益稳定：利率债的收益与市场利率走势相关，相对稳定。
- 可作杠杆债券：其利息率和本息收益可作长期贷款的基础。

一、国债

工具概述

国债，又称国家公债，是国家以其信用为基础，按照债券的一般原则，通过向社会筹集资金所形成的债权债务关系。国债是由国家中央政府发行的一种政府债券。

工具解读

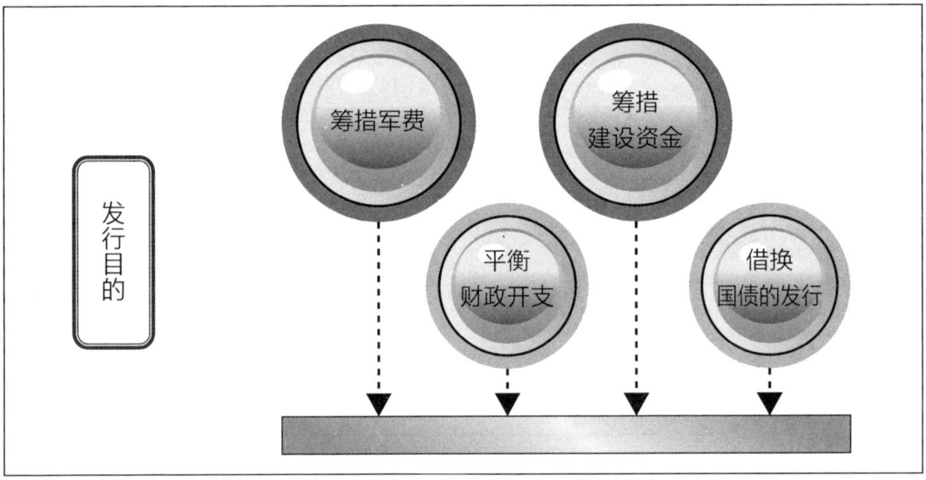

与一般债务债权区别

法律关系主体	债权人可以是普通公民、法人或机构，也可以是一国政府或组织。
法律关系的性质	法律关系的发生、变更或消灭，主要体现了国家的意志。
法律关系的实现	信用等级最高、安全性最好的债权债务关系。
债务人角度来看	具有自愿性、灵活性、有偿性特点。
债权人角度来看	具有安全性、收益性、流动性特点。

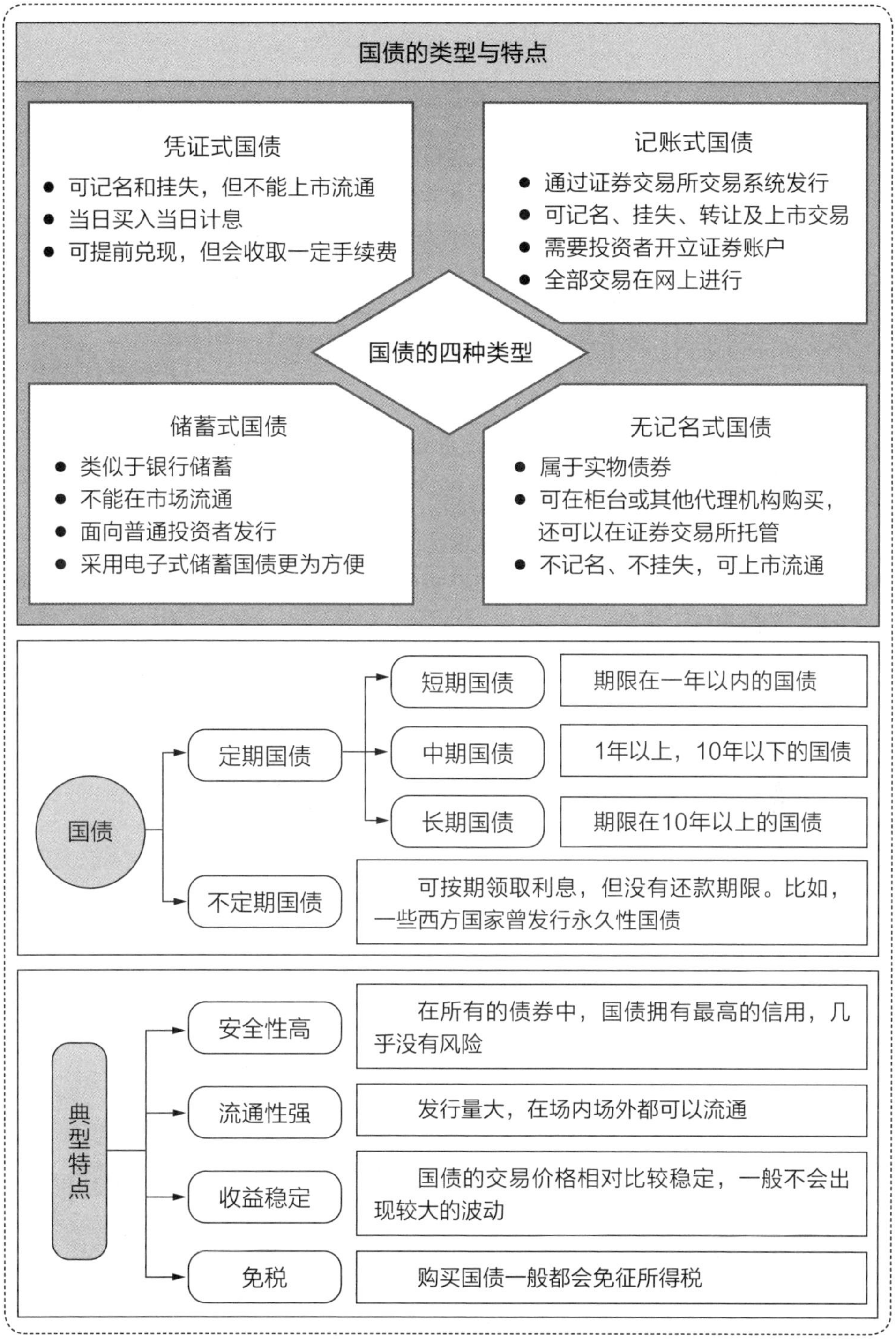
国债的类型与特点
凭证式国债
● 可记名和挂失，但不能上市流通
● 当日买入当日计息
● 可提前兑现，但会收取一定手续费
记账式国债
● 通过证券交易所交易系统发行
● 可记名、挂失、转让及上市交易
● 需要投资者开立证券账户
● 全部交易在网上进行
国债的四种类型
储蓄式国债
● 类似于银行储蓄
● 不能在市场流通
● 面向普通投资者发行
● 采用电子式储蓄国债更为方便
无记名式国债
● 属于实物债券
● 可在柜台或其他代理机构购买，还可以在证券交易所托管
● 不记名、不挂失，可上市流通
国债
定期国债
短期国债
期限在一年以内的国债
中期国债
1年以上，10年以下的国债
长期国债
期限在10年以上的国债
不定期国债
可按期领取利息，但没有还款期限。比如，一些西方国家曾发行永久性国债
典型特点
安全性高
在所有的债券中，国债拥有最高的信用，几乎没有风险
流通性强
发行量大，在场内场外都可以流通
收益稳定
国债的交易价格相对比较稳定，一般不会出现较大的波动
免税
购买国债一般都会免征所得税

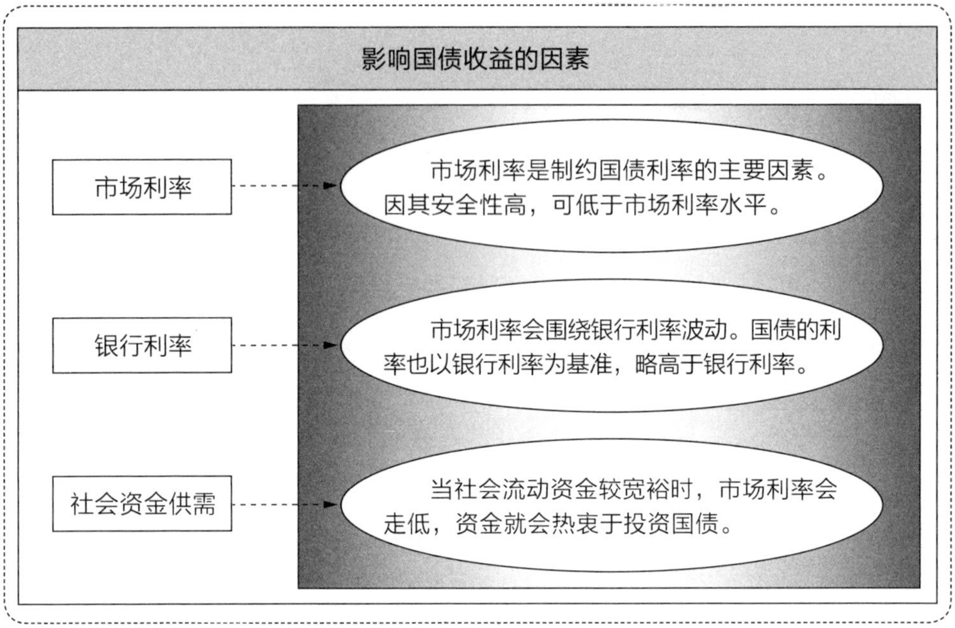

二、地方性政府债券

工具概述

地方性政府债券指某一国家中有财政收入的地方政府、地方公共机构发行的债券。地方性政府债券一般用于交通、通信、住宅、教育、医院和污水处理系统等地方性公共设施的建设。

工具解读

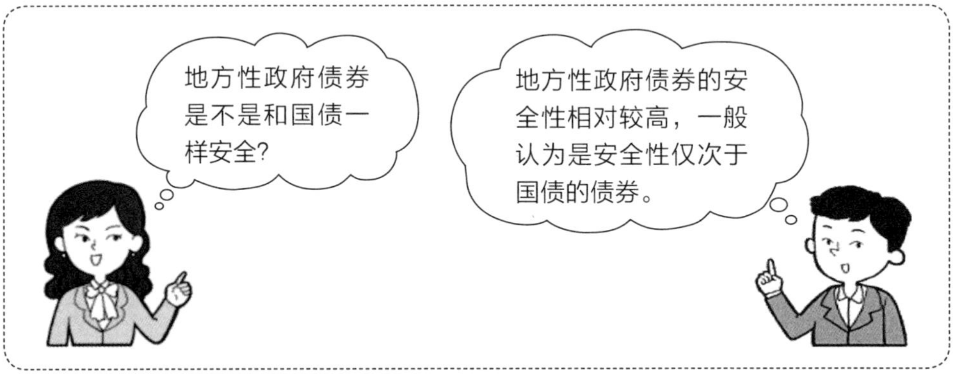

债券类型

- **普通债券**：地方政府为缓解资金紧张或解决临时经费不足而发行的债券，又称一般债券。
- **收益债券**：为筹集资金建设某项具体工程而发行的债券。如用于某一市政工程建设，如高速公路、桥梁、水电系统等，又称为专项债券。

发债模式

- **地方发债**：即由地方政府直接发行债券。
- **中央代为发行**：由中央政府发债，再转给地方政府使用。目前，大多数地方债券都是由省级政府通过债券市场发行的。

与城投债的区别

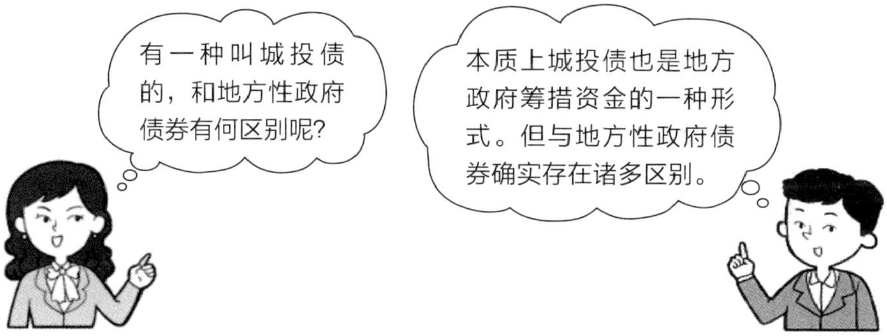

解读

城投债常常称为准市政债，是地方投融资平台作为发行主体，公开发行的企业债和中期票据，其主业多为地方基础设施建设或公益性项目。也就是说，城投债从本质上来看，并不属于地方性政府债券，而是属于企业债的范畴。

三、金融债

工具概述

金融债是指由银行或非银金融机构依照法定程序发行的，且在约定期限内还本付息的有价证券。目前，在债券投资领域，金融债特别是政策性金融债，被认为是安全性仅次于国债的债券产品。

工具解读

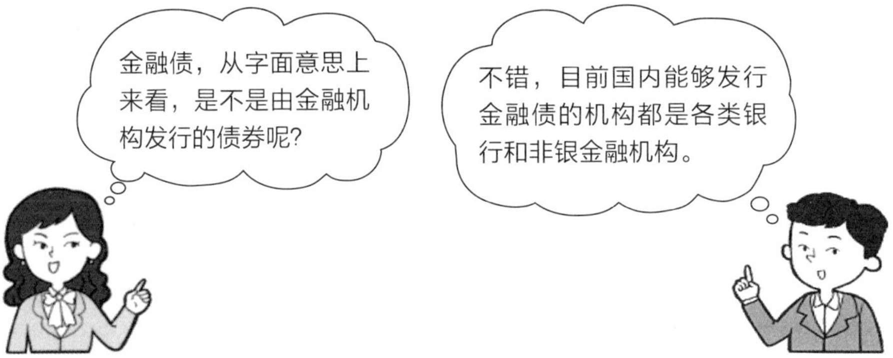

金融债类型

- 政策性金融债：由国家开发银行、中国进出口银行、中国农业发展银行等三大政策性金融机构发行的债券。
- 商业银行金融债：由各家商业银行发行的普通债券、次级债券、混合资本债券和小微企业专项债券等。
- 非银金融机构金融债：非银金融机构发行的各类债券。非银金融机构包括证券公司、保险公司、财务公司、金融租赁公司以及其他金融机构等。

解读

尽管金融债在安全性方面较高，但其本质上与国债有着很大的区别。发行金融债的机构多为企业法人。正因如此，在国外，这类债券往往被归类到公司债券范畴。

金融债优势

安全性高	金融债是一种要比普通企业债券信用等级更高的债券，其信用度仅次于国债。政策性金融债的安全性几乎可以等同于国债，普通金融债的安全性则要弱于政策性金融债。
专用性	通过金融债募集的资金一般都是专款专用，有专门的指向性。
流通性较好	金融债券不能提前兑现，但可以用于抵押或上市流通。

金融债收益影响因素

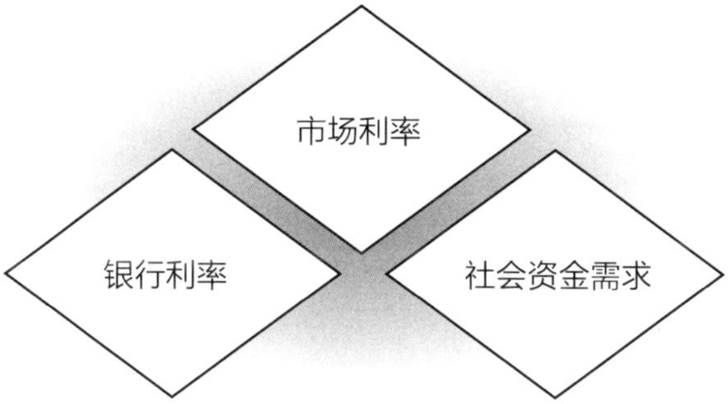

市场利率	市场利率是制约金融债票面利率的最主要因素。金融机构在发行金融债前需要洞悉市场利率水平。当然，政策性金融债的利率相对会略低于普通的金融债，这是由各类债券安全性不同而产生的。
银行利率	银行利率与市场利率并不完全一致，但市场利率会围绕银行利率进行波动。同时，金融债的利率也会以银行利率为基准，略高于银行利率，但不会高太多。
社会资金需求	社会资金供求状况也是影响金融债收益的重要因素。当社会流动资金较为宽裕时，市场利率相对就会走低，很多闲置资金就会热衷于投资金融债，这就会促使金融债收益走低；反之亦然。

四、央行票据

工具概述

央行票据，即中央银行票据，是由中央银行为调节各商业银行的超额存款准备金而发行的短期债务凭证。央行票据的期限很短，一般为 3 个月到 3 年不等。

工具解读

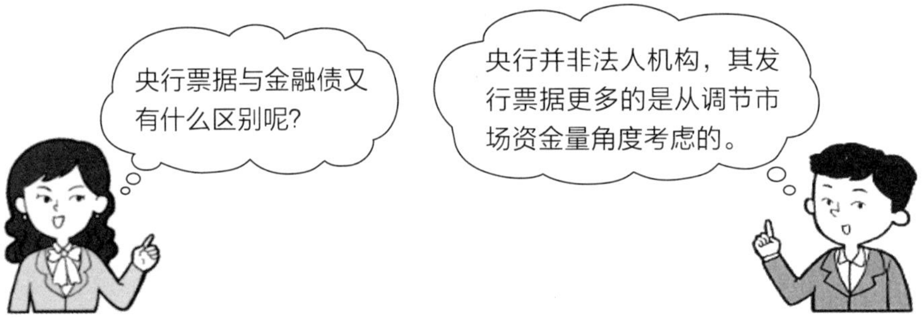

央行票据典型特点

货币政策工具

当市场流动性宽裕时，央行会主动发行央行票据，以减少社会资金的流动性；反之，当市场流动性紧缩时，央行会采取逆回购的方式释放流动性，即通过将商业银行的票据回收，将更多的货币资金投放至市场。

特殊的发行对象

央行票据的发行对象为市场上的一级交易商。央行票据与国债、金融债不同，它不设分销商，而是直接采用招标形式发行，利率也是以招标利率为准。普通投资者只能通过二级市场交易央行票据。

央行票据的作用

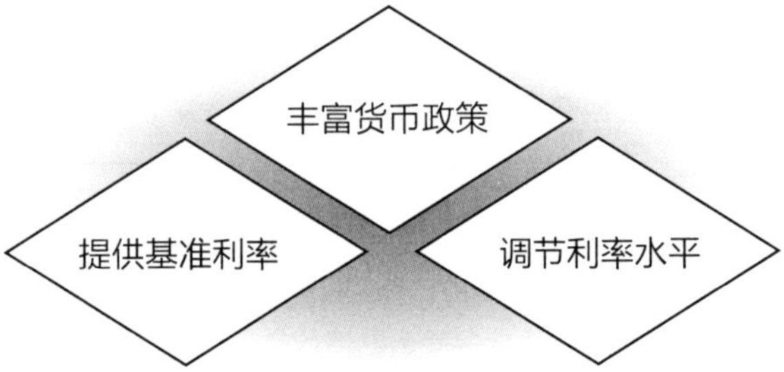

丰富货币政策	丰富央行调控货币政策的手段。从整体上来看，我国央行对货币的调控手段并不多，特别是短期货币市场工具更是少之又少。央行票据在一定程度上可以充当央行调节短期货币市场运行态势的工具。
提供基准利率	央行通过招标形式发行央行票据并确定利率水平，可以为市场基准利率的制定提供重要依据。
调节利率水平	通过央行票据的发行与逆回购，可以适当调节整个市场的短期利率水平。即当市场利率水平走高时，可以通过逆回购释放市场流动性，适当调低市场利率；反之，若市场利率走低时，可以通过发行央行票据回收流动性，适当抬升市场利率。

第二节　利率债投资分析工具

工具概述

利率债属于低风险投资品种，其收益与利率水平的波动直接相关。因此，通过建立一些科学的投资组合策略，让整个投资收益最大化，就成了很多投资研究机构的目标。

工具解读

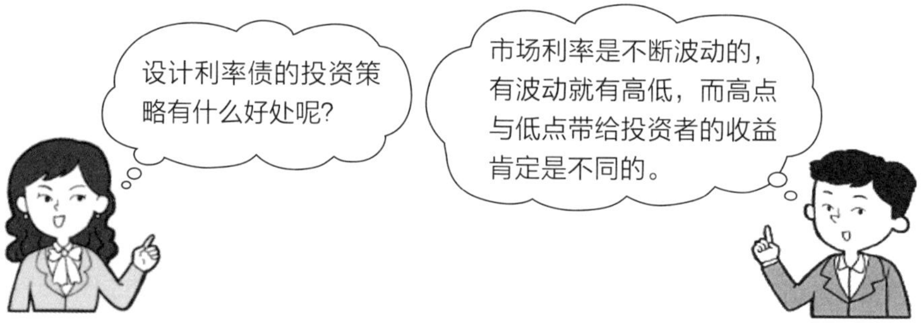

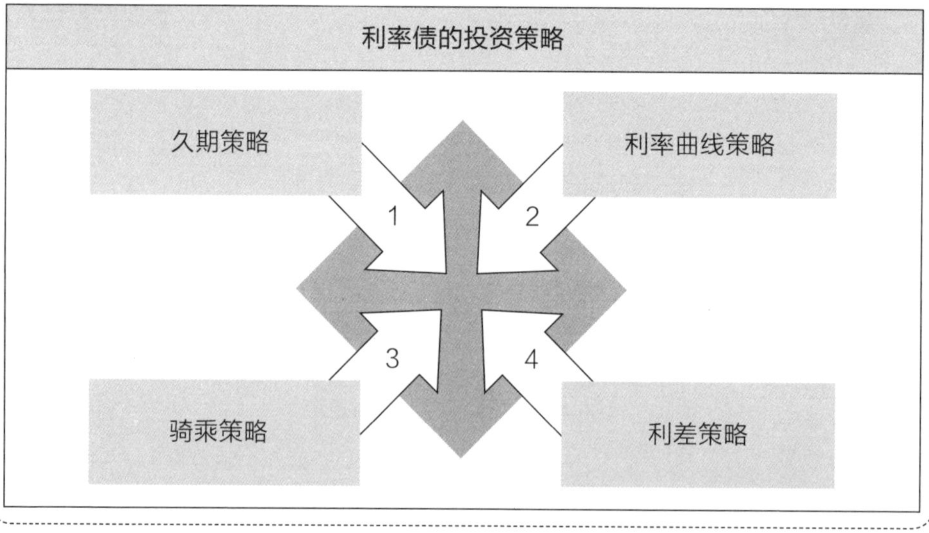

一、久期策略

工具概述

久期策略是一种通过调整债券组合的平均久期来管理利率风险的策略。投资者可以根据市场利率的预期调整债券组合的平均久期，以降低或增加收益。

工具解读

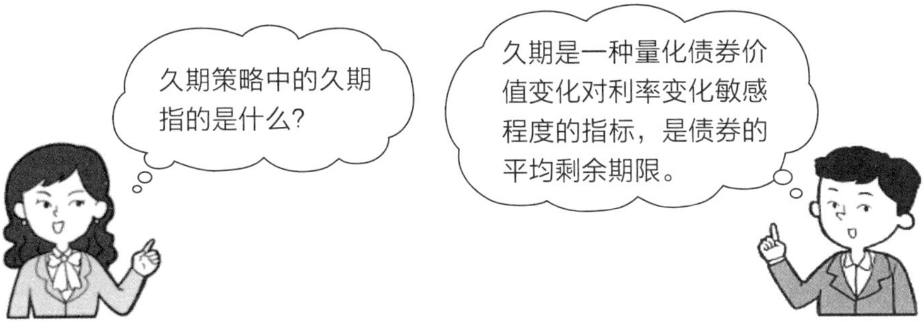

解读	久期反映了债券的每单位收益率对应的期限。久期越长，债券对利率变化的敏感度就越高；反之，久期越短，债券对利率变化的敏感度就越低。同时，久期是一个重要的风险管理指标，常被用来衡量债券组合对利率变化的敏感性。也就是说，当你的债券组合中久期较长的债券占多数，资产组合自然波动较为剧烈，反之则波动较为平稳。

当市场利率上升时，债券的价值会降低。平均久期越短，债券组合中的单位收益率对应的期限就越短，这样就能减少因利率上升而导致的价值下降；反之，如果市场利率下降，债券的价值会上升。

久期策略就是通过调整债券组合的平均久期长短来控制风险、增加收益。

久期策略的核心要素

久期策略与利率方向性策略

久期策略的本质是根据利率运动趋势合理配置债券资产的平均久期。即在利率下行区间，尽可能提升整个债券资产的平均久期；反之，在利率进入上升区间，则需要降低平均久期。

从这点可以看出，久期策略能够发挥作用的关键因素，其实就是对利率方向的判断。

利率方向性策略，即根据对未来利率市场的方向判断，来决定债券投资组合的久期水平，而利率债则是调节组合久期的工具。

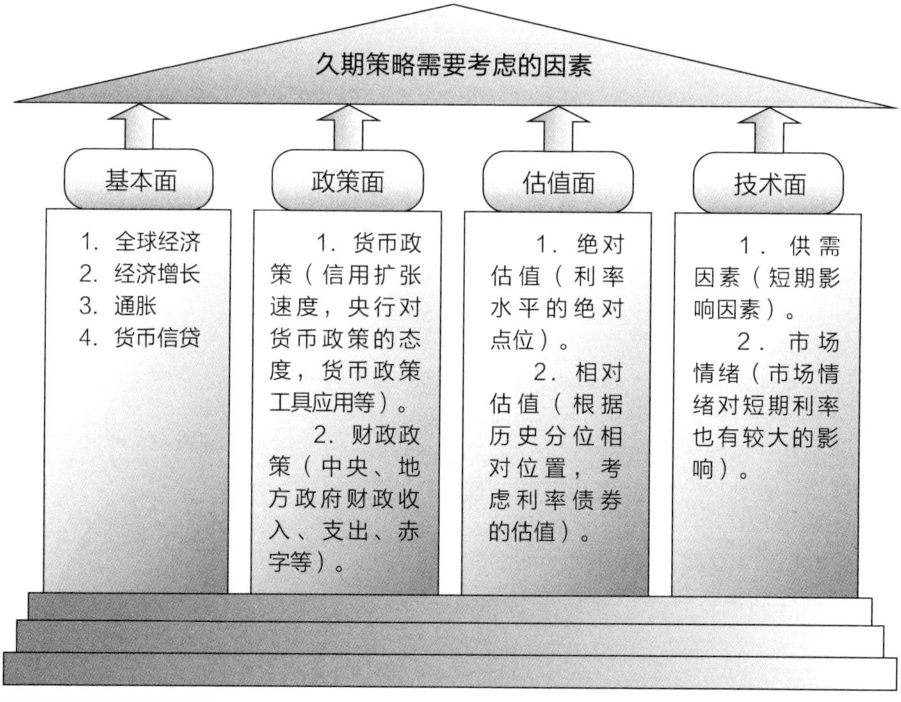

二、利率曲线策略

工具概述

利率曲线策略，是针对利率曲线的形态与方向采取相应的债券组合的投资策略。投资者可以借此提升整体投资组合的收益，控制投资风险。

工具解读

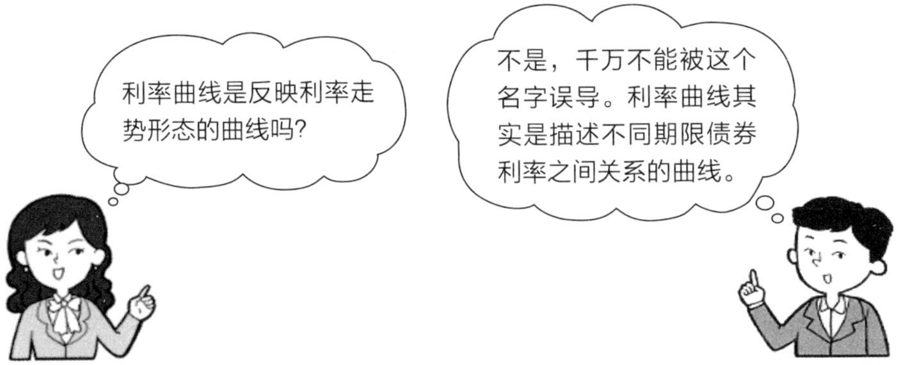

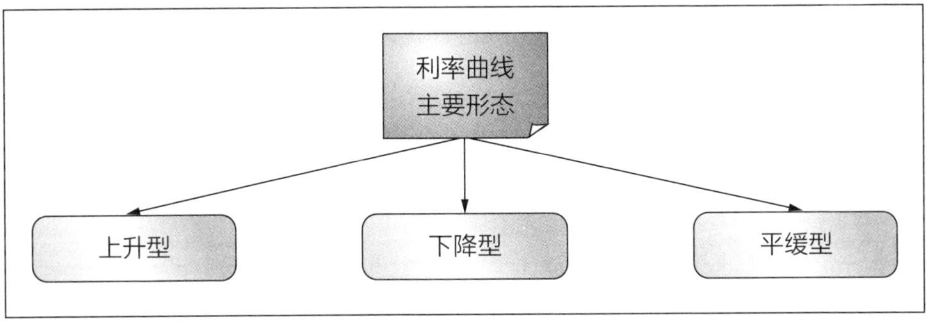

上升型	上升型曲线是指随着债券期限的增加，利率逐步上升，市场对未来经济走势预期较佳，多发生在经济强劲增长期和繁荣期。长期债券的风险溢价较高，而短期债券的收益相对稳定，促成了利率曲线的上扬。
下降型	下降型曲线是指随着债券期限的增加，利率逐步下降，市场对未来经济走势预期较为悲观，多发生在经济衰退期。长期债券的风险溢价较低，而短期债券的收益相对稳定，促成了利率曲线的下行。

平缓型

平缓型曲线是指在一定时间内，不同期限债券的利率差异不大。多出现在经济相对平稳的周期。

针对利率曲线策略的三种债券组合策略

子弹型策略

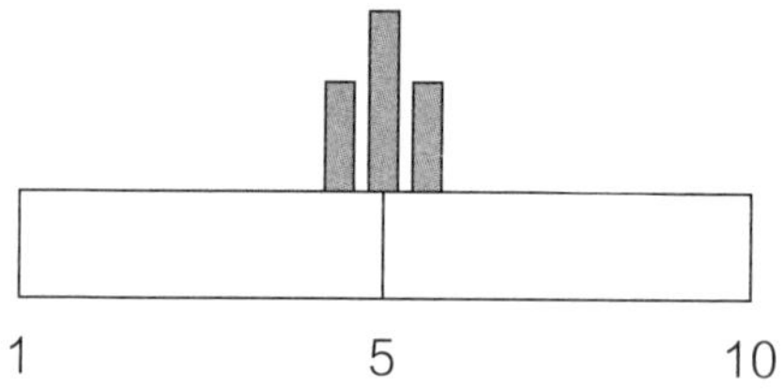

子弹型组合策略是指将持仓的利率期限集中在一个关键期限上（比如左图为中等久期债券）。当利率曲线变动陡峭时，子弹型组合策略相对表现会更好；而若利率曲线变平，则子弹型组合策略可能会弱于后面的组合策略。

哑铃型策略

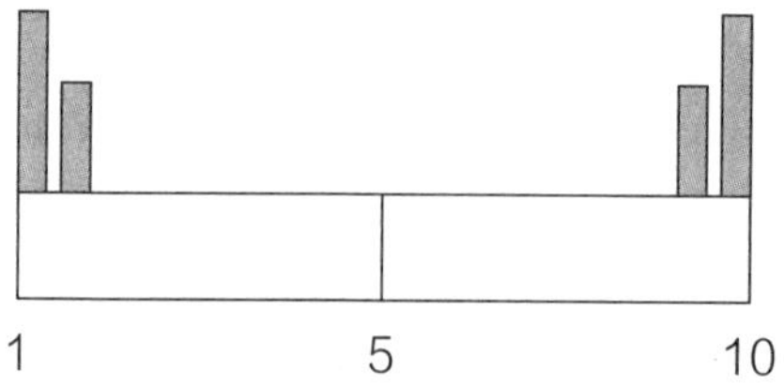

哑铃型组合策略是指将持仓的利率期限分配在利率曲线的两端。短久期和长久期重点布局。当利率曲线变动陡峭时，哑铃型组合策略会弱于子弹型组合策略；而若利率曲线变平，则哑铃型组合策略会强于子弹型组合策略。

阶梯型策略

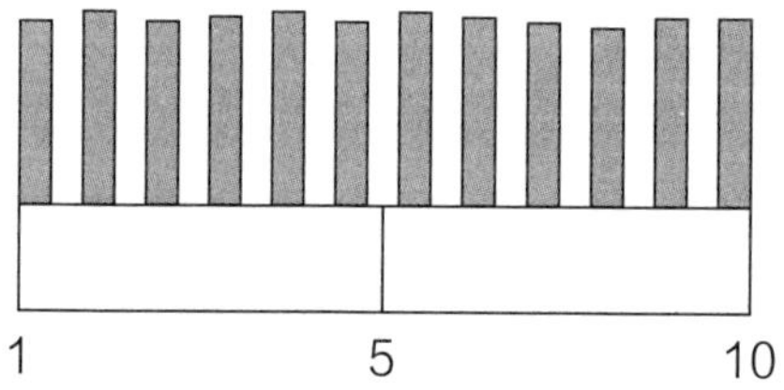

阶梯型组合策略的久期分布相对比较平均。在各期限上均布放一定的利率债仓位。该策略在利率曲线出现各种形态时，收益相对平稳，总是介于上述两种策略之间。

三、骑乘策略

工具概述

骑乘策略，又称收益率曲线追踪策略，是债券投资中常用的策略之一。由于债券的收益曲线随时间的变化而变化，债券投资者就能够以债券收益曲线形状变动的预期为依据来建立和调整组合头寸。

工具解读

骑乘策略需要满足两项条件

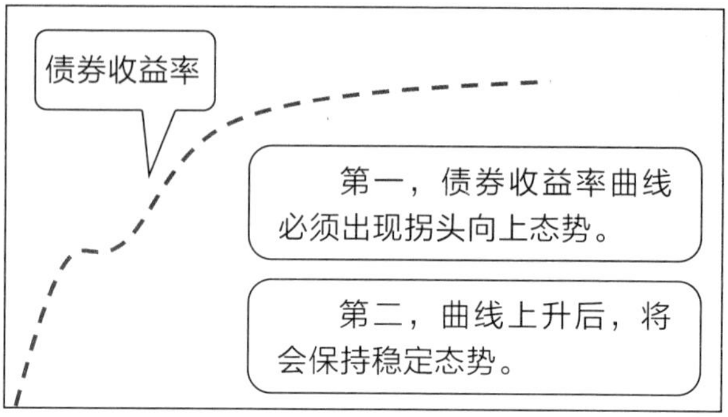

骑乘策略的实施步骤

步骤	具体内容
确定持有周期和品种	持有周期决定买卖的时机，品种之间的流动性、信用利差也不同。
计算收益水平	计算持有若干月或年后利率债剩余期限对应的到期收益率水平。
计算持有期收益	包括票息收入、资本利得（若利率曲线上行，可能为负数）等。
计算防御收益率	即通过债券利息收入平衡资本利得损失（利率上行，债券收入下行）。
计算安全边际或防御空间	通过到期收益与防御收益率的差值，确认防御空间。

骑乘策略本质上是认为期限风险溢价（而非预期利率变动）是影响期限结构的最主要因素，这也是获取超额收益的保障。

选择购买剩余期限大于持有期的债券，在持有期末债券收益率下行时卖出，以获得超额收益。

四、利差策略

工具概述

利差策略通过利用债券市场各个组成部分之间收益率利差的预期变动方法构建一个债券组合，以期获得超额收益。

工具解读

常用利差策略	
同债不同期限	比如5年期国开债与10年期国开债利差
同期限不同债	比如5年期国债与5年期国开债利差
不同债不同期限	比如5年国债与10年国开债利差

同品种期限不同利差策略实施步骤

1. 分析同品种债券不同期限历史利差的变化，包括均值、最大值、最小值。
2. 判断当前利差在历史利差区间内的位置，如1/4、1/2、3/4位等。
3. 预测未来收益率走势，看涨、看跌还是看平。
4. 针对当前利差是否明显偏离历史波动区间，配置相应的仓位，偏离越大，仓位越大。

不同品种利差策略实施步骤

1. 确定整体债券市场运行趋势以及收益率走势。
2. 各品种债券利差进行对比，寻找明显出现利差偏离的品种。
3. 针对当前利差是否明显偏离历史波动区间，配置相应的仓位，偏离越大，仓位越大。

利差策略能够顺利操作的前提，是所选择的两个品种或同品种两个期限标的之间存在较大的利差，且明显偏离了正常的区间。只有偏离足够大，才有操作的价值。

第四章
信用债投资工具

收益与风险就是一对孪生兄弟

第一节　信用债认知工具

工具概述

信用债是指政府之外的主体发行的、约定了确定的本息偿付现金流的债券，包括公司债、短期融资券等。

工具解读

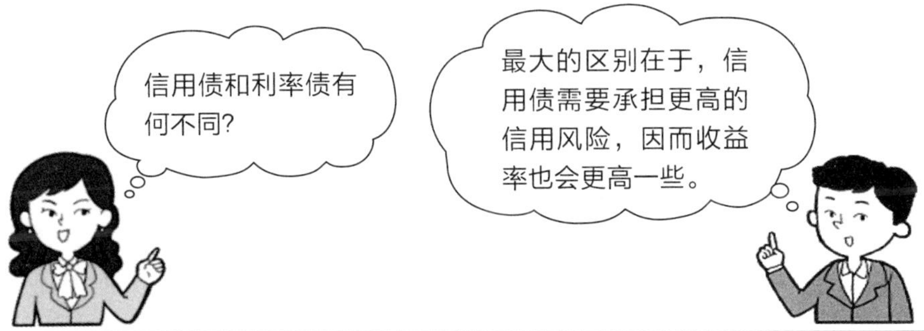

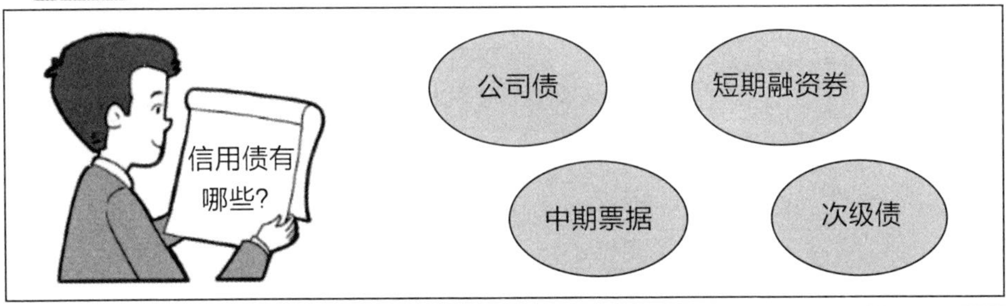

典型特征

收益相对较高	信用债的票面利率普遍要高于利率债。
风险相对较大	信用债是没有政府背书的债券，风险相对较大。
凭信用发行	没有任何抵押物，对发行人信用要求较高。

一、公司债

工具概述

公司债（企业债）是指境内具有法人资格的企业，依照法定程序发行、约定在一定期限内还本付息的有价证券。

工具解读

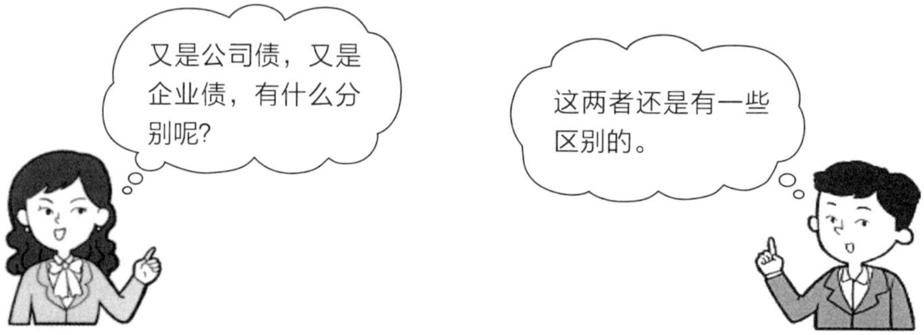

公司债与企业债区别

- **发行人不同**：公司债是由股份有限公司或有限责任公司对外发行的，而企业债则是由国企、央企或国有控股企业发行的。
- **流通场所不同**：公司债的流通场所主要为证券交易所，对外开放的难度较大；企业债主要在银行间流动。
- **信用不同**：公司债的信用基础不及企业债，毕竟企业债大都有国资背景。

公司债特点

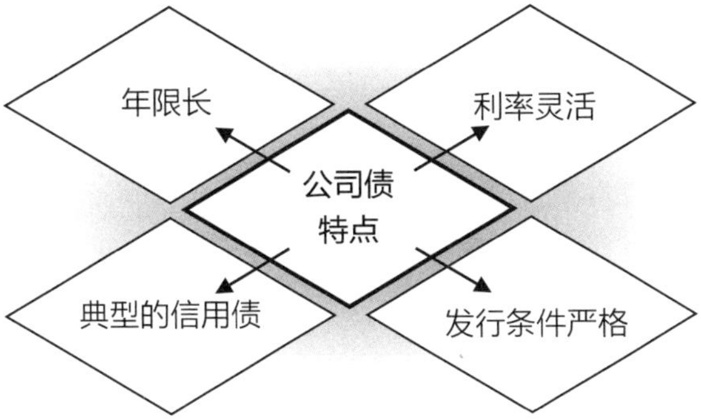

年限长	公司债（企业债）发行的最长年限为5到10年。较长的年限比较有利于企业的资金运作。
利率灵活	公司债（企业债）的票面利率可以有多种选择，包括固定利率、浮动利率、累进利率等三种。
发行条件严格	企业债（公司债）的发行条件相对比较严格，比如，发债前必须连续三年实现盈利，累计债券余额不超过净资产的40%等。
典型的信用债	属于完全的信用债，风险性和收益性都要高于国债、金融债。同时，由于市场上发行的企业债（公司债）数量众多，企业的经营状况千差万别，这都需要债券基金或投资者加以甄选。

公司债收益影响因素

市场利率

公司债利率通常会以市场利率为基准，但要高于市场利率。

信用等级

信用等级是影响公司债收益的重要因素。信用等级越高，债券票面利率越低。

社会资金供需

当社会流动资金较为宽裕时，市场利率相对就会走低，企业发行相对容易，债券利率相对较低；反之亦然。

二、短期融资券

工具概述

短期融资券是指企业在银行间债券市场发行和交易的，并在一年内还本付息的债券，是企业非常重要的短期资金筹措工具。

工具解读

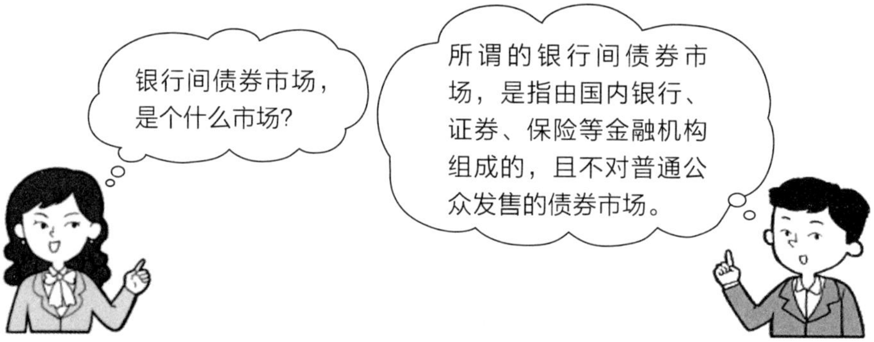

短期融资券特点

- 在银行间债券市场发行，发行主体为普通企业。
- 短期融资券是企业募集短期生产经营所需资金的手段，不能作长期融资使用。
- 短期融资券在发行备案额度内，可以自行确定每期发行金额。总规模不得超过企业净资产的40%。
- 企业融资券必须由金融机构承销，且企业不得私自发行。

优势

- 利率优势
- 流动性优势
- 灵活性优势

利率优势	在短期投资品种中，短期融资券的利率相对较高。也就是说，短期融资券在保证流动性的同时，还能够获得较好的收益。
流动性优势	短期融资券的期限都在一年以内，债券基金持有短期融资券可以确保基金资产的流动性，以应对投资者的赎回等操作。
灵活性优势	根据市场利率情况，及时调整短期融资券的仓位，确保债券基金的收益最大化。

影响短期融资券收益的因素

流动性

当流动性趋紧时，企业就不得不通过提升短期融资券利率的方式吸引投资者，投资融资券的收益就会走高；反之亦然。

信用因素

信用等级不同的企业所发行的短期融资券利率水平肯定也存在一定的区别。信用等级越高的企业，其所发行的短期融资券的利率水平就越低。

风险因素

短期融资券的风险因素也是需要考虑的，毕竟这些短期融资券是没有任何抵押的债券，一旦发生违约事件，可能对债券基金的收益产生较大的影响。

三、中期票据

工具概述

中期票据是一种独特的公司债务工具，与公司债（企业债）既有相同的一面，也有一些不同的特征。目前，凡是具有法人资格的非金融企业均可发行。

工具解读

中期票据与公司债的区别

- **发行管理部门不同**：中期票据的管理部门为中国人民银行，而公司债的发行主管部门为发改委。
- **审核方式不同**：中期票据的审核方式为注册发行，更具市场化，即企业向央行提交发行申请后，获得注册后即可发行；公司债的审核方式为直接核准制，企业提交发行申请后，需要由主管机关代为向发改委申请，经批准后可一次性发行限定额度的债券。
- **发行期限不同**：中期票据的发行期限一般为2～10年，以5年为主；公司债的发行期限一般在3～10年，以10年为主。
- **发行市场不同**：中期票据主要在银行间债券市场流通；公司债可在银行间债券市场和证券市场流通。
- **利率水平不同**：中期票据的发行利率会随市场利率波动；而公司债的票面利率则是企业发行方根据市场情况而确定的。

中期票据的优势

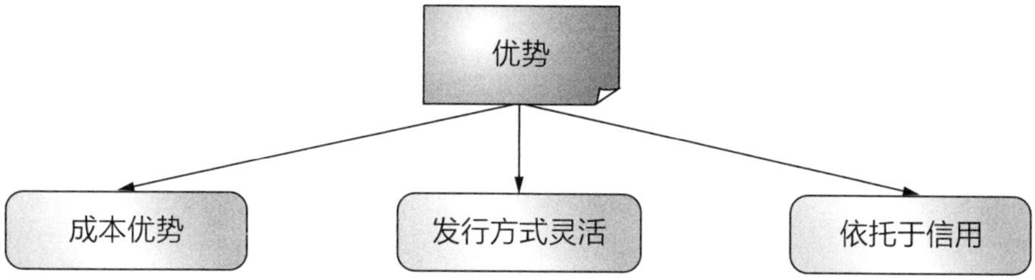

成本优势	中期票据与同期贷款利率相比，具有一定的成本优势。金融机构多作为短期投资的标的。
发行方式灵活	一次注册可分期发行，发行方式较为灵活。投资者参与投资也较为灵活。
依托于信用	通过直接融资的价格发行机制，能够彰显发行企业自身良好的信用能力。

影响中期票据收益的因素

市场利率是制约中期票据利率的最主要因素。由于中期票据的利率水平是随着市场利率而波动的，因而市场利率水平直接影响了投资者的收益。

信用等级不同的企业所发行的中期票据利率水平肯定也存在一定的区别。信用等级越高的企业，其所发行的中期票据的利率水平就越低。

当社会流动资金较为宽裕时，市场利率相对就会走低，企业发行相对较为容易，债券利率相对较低；反之亦然。

四、次级债

工具概述

次级债券是指偿还次序优于公司股本权益，但低于公司一般债务的债券。也就是说，如果发行债券的企业破产，那么，次级债券的清偿顺序肯定是要在一般债务之后。

工具解读

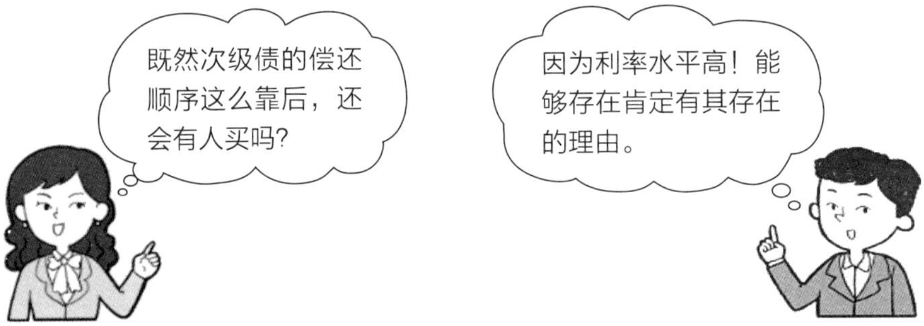

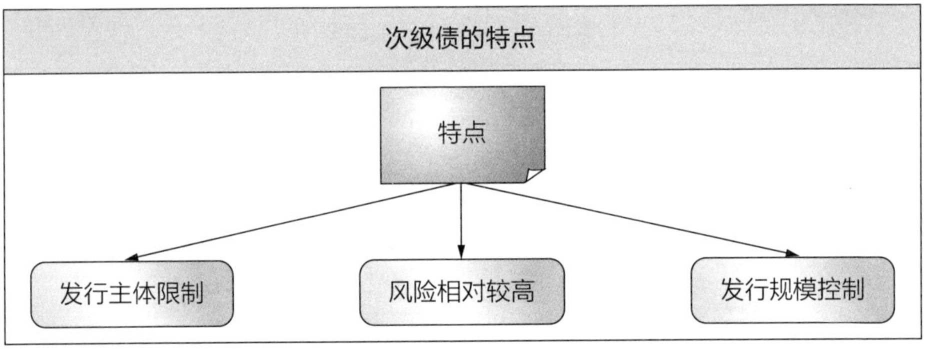

发行主体限制	一般企业是不能发行次级债券的，只有银行、保险、证券等金融企业能够发行次级债券。
风险相对较高	由于次级债券的偿还顺序位于普通债券之后，因而，其所承受的风险一般要高于其他债券。

发行规模控制	尽管银行、证券、保险等金融机构被允许发行次级债，但其发行总额度仍是被严格控制的。目前，次级债发行总额不得超过核心资本的50%。

次级债的优势

优势一	利率较高。由于次级债券的风险相对较高，为了能够顺利发行，不得不提高债券的票面利率。
优势二	风险并不算高。尽管从理论上来看，次级债的偿还顺序落后于普通债券，但目前能够发行次级债的企业多为大型金融机构，暴雷概率较低。
优势三	溢价较高。相对于普通债券，次级债的性价比更好，也更具配置的价值。

第二节　信用债投资选择工具

工具概述

信用债相对于利率债拥有更高的利率水平，但也可能遇到更大的风险。因此，在投资信用债时，需要对信用债的投资内外部环境进行详细分析。

工具解读

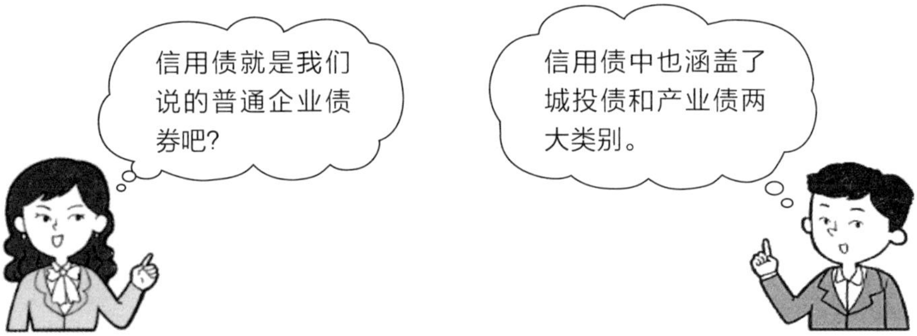

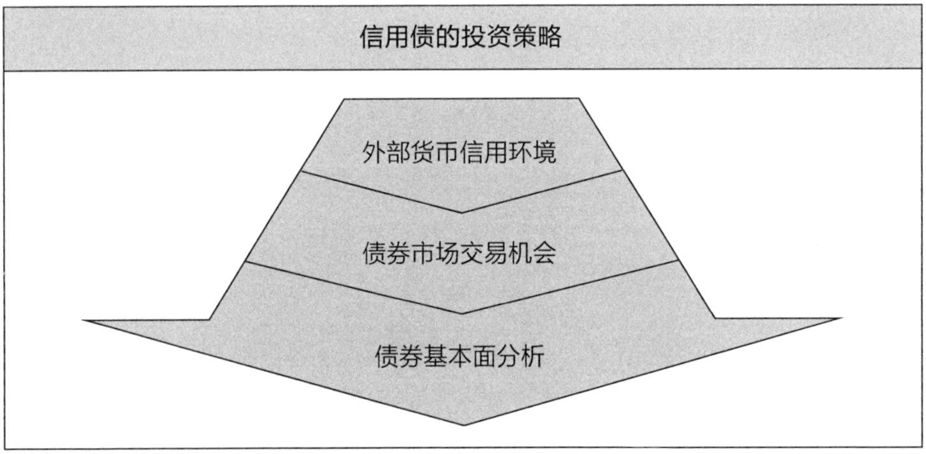

一、信用与货币环境分析

工具概述

信用与货币环境，是影响整个债券市场走势最核心的因素。债券投资的收益，在很大程度上和信用与货币市场环境有关。

工具解读

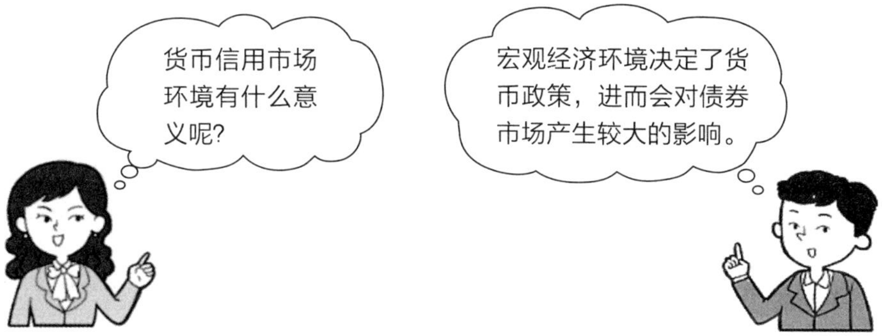

通常处于经济衰退期：

为了刺激经济，央行宽货币刺激经济，但同时市场对经济仍非常悲观，资金偏向无风险投资。

致使信用利差升高，有利于高杠杆策略。

通常处于经济复苏期：

市场对经济预期好转，央行的宽货币政策没有退出。信用利差开始收缩，资金利率仍处于低位，杠杆策略仍有操作空间。也可采用基本面下沉策略。

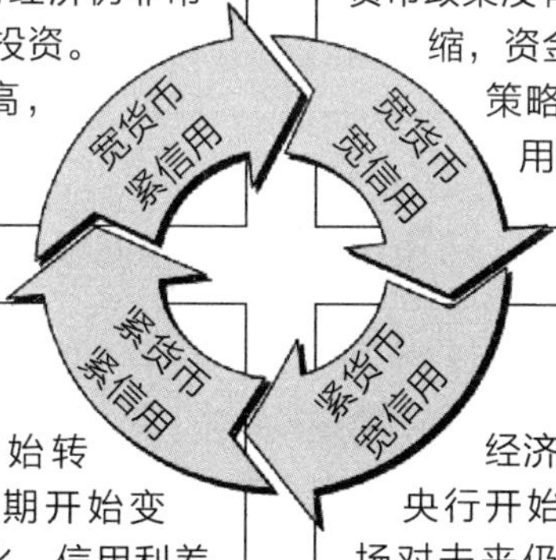

通常处于经济滞涨期：

央行货币政策开始转向，市场对经济的预期开始变差。企业融资环境恶化，信用利差开始走大，投资者宜投资短久期高信用利率债或银行存单。

通常处于经济过热期：

经济开始由复苏转向过热，央行开始收紧货币政策，但市场对未来仍具有很大信心。仍以下沉策略为主，高频跟踪低信用发行人。

二、信用债投资前置条件

工具概述

信用债投资的前提是能够实现投资的获利。这就需要投资者在投资前从整体上考虑资金成本、无风险利率情况以及市场利差等因素。

工具解读

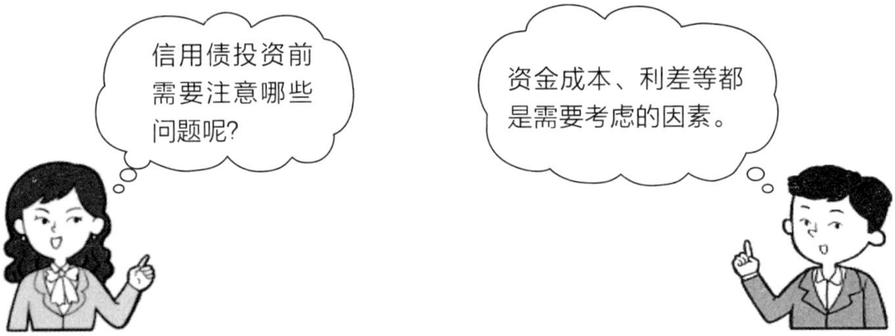

核心因素

- **资金成本**：在投资债券时，高杠杆是常用策略，因而，资金的成本就是首要考虑的因素。国债逆回购率是重要参照基准。
- **无风险利率**：无风险利率是债券投资领域最为关注的指标，也是信用利差定价的基准。
- **利差**
  - **期限利差**：一般使用短端和长端关键期限的债券定价进行计算。
  - **信用利差**：相对无风险利率的利差水平，对特定的等级发行人违约风险的价格补偿。
  - **等级利差**：跨等级信用债的利差情况，如高等级信用债与低等级信用债的风险溢价。

三、产业债评价体系

工具概述

产业债，即由企业发行的债券，与城投债是一个相对的概念，同属于信用债的范畴。具有自主经营能力强，盈利能力及现金流产生能力强，对政府及政策依赖性较弱等特点。

工具解读

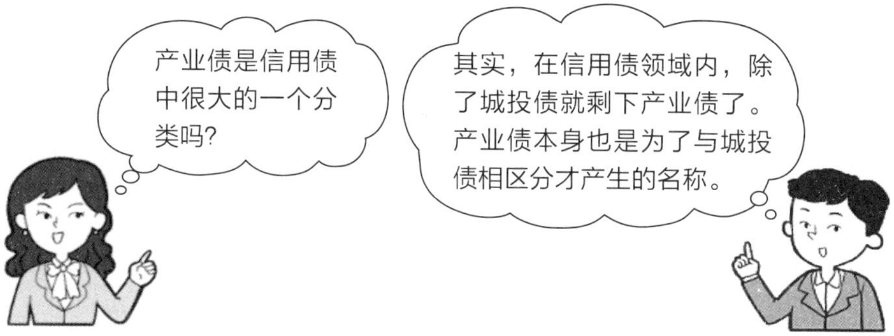

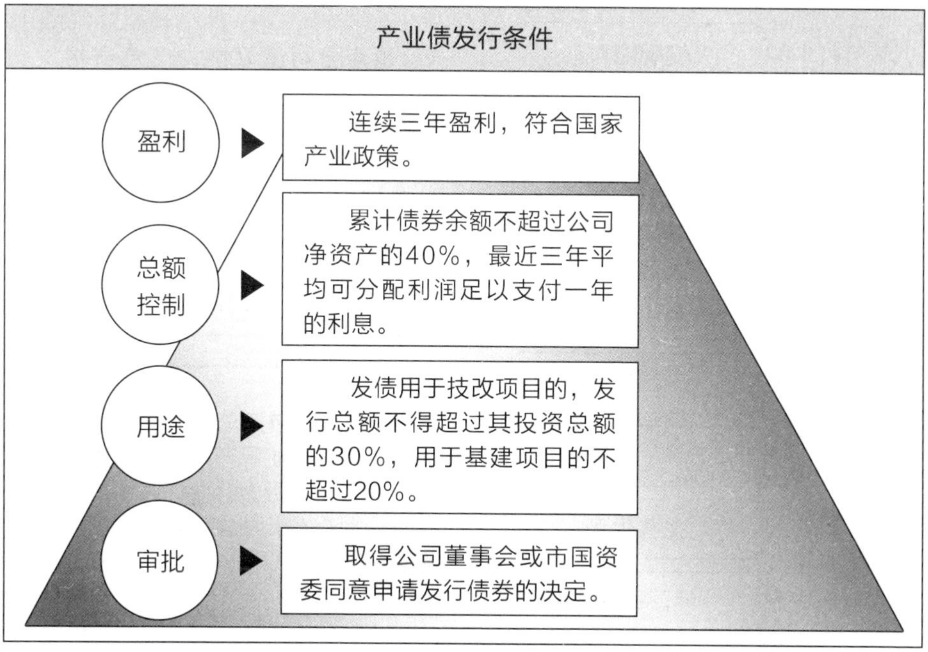

产业债评价体系

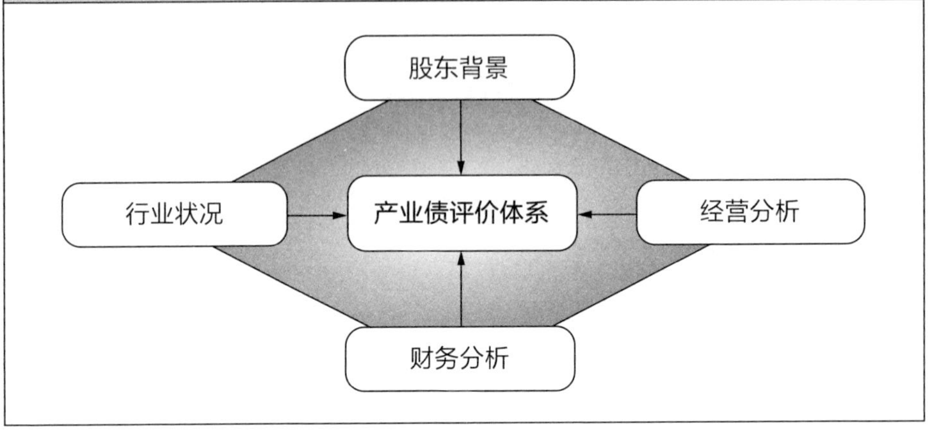

股东背景

第一大股东的企业性质不同，信用状况不同。国企、央企背景会获得更高的信用加分。

行业状况

- 行业盈利与债务负担
- 变现能力
- 竞争格局
- 产业周期与行业发展阶段
- 产业景气程度

重点分析变现能力、竞争格局、产业发展周期以及产业当前发展阶段等维度的内容。

细分指标包括营业利润、营业总收入、资产负债率等。

经营分析

- 规模优势
- 产品优势
- 龙头优势
- 经营稳健性

细分指标包括总体资产规模、净资产规模、明星产品、产品线多元化程度、是否为行业或区域龙头企业。拥有垄断性优势的企业可获得更高的评级。

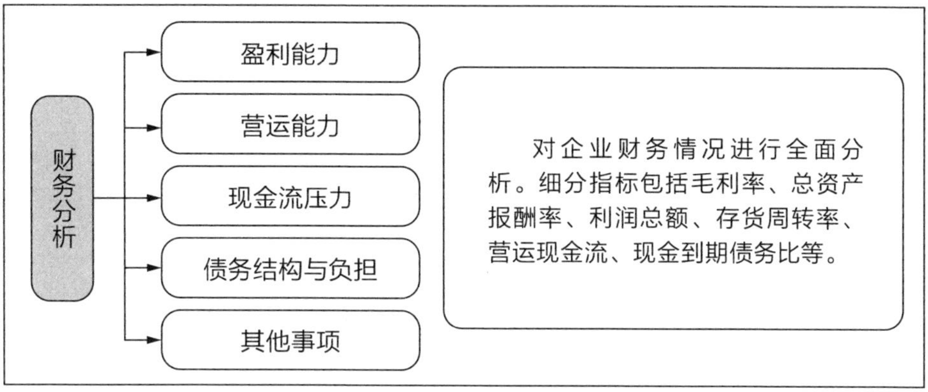

四、城投债评价体系

工具概述

城投债，又称“准市政债”，是地方投融资平台作为发行主体，公开发行企业债和中期票据，其主业多为地方基础设施建设或公益性项目。

工具解读

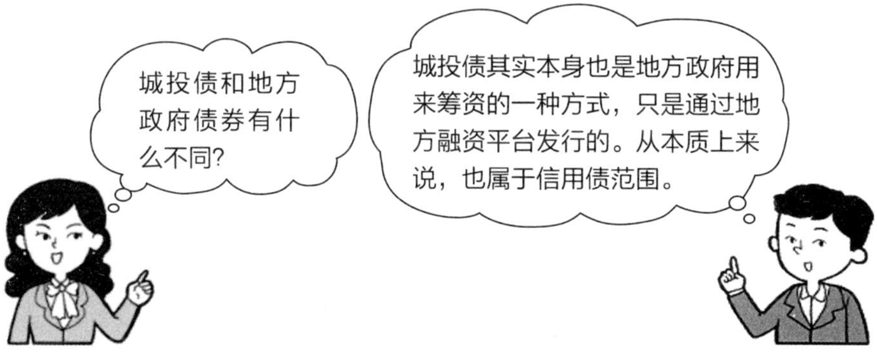

城投债发行条件

1. 股份公司净资产不低于3000万元，其他企业净资产不低于6000万元。
2. 累计债券余额不超过企业净资产（不包括少数股东权益）的40%。
3. 最近三年可分配利润（净利润）足以支付企业债券一年的利息。
4. 筹集资金的投向符合国家产业政策和行业发展方向，所需相关手续齐全。
5. 债券的利率由企业根据市场情况确定，但不得超过国务院限定的利率水平
6. 已发行的企业债券或者其他债务未处于违约或者延迟支付本息的状态。
7. 最近三年没有重大违法违规行为。

城投债评价体系

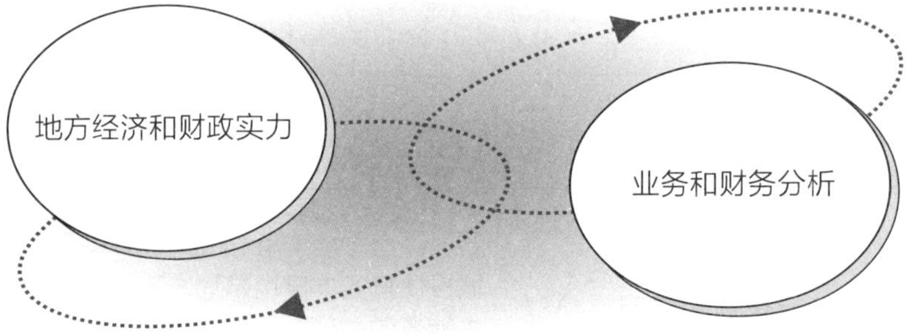

地方经济和财政实力

- 地区行政级别和债务负担
- 经济实力
- 财政实力和平衡性

细分指标包括行政区域所在地、地方融资平台家数、所在地行政级别、地方债务压力、地方经济情况、一般预算收入以及收支平衡性等。

业务和财务分析

- 业务状况
- 主要偿债指标

细分指标包括企业业务状况、现金与短期债务比、有息债务情况等。

第五章
可转债投资工具

第一节　可转债认知工具

工具概述

可转债，即可转换债券，是债券持有人可按照发行时约定的价格将债券转换成公司的普通股票的债券。这是一种既可以像债券一样领取利息，到期还本得息，还可以转换成股票的特殊债券。

工具解读

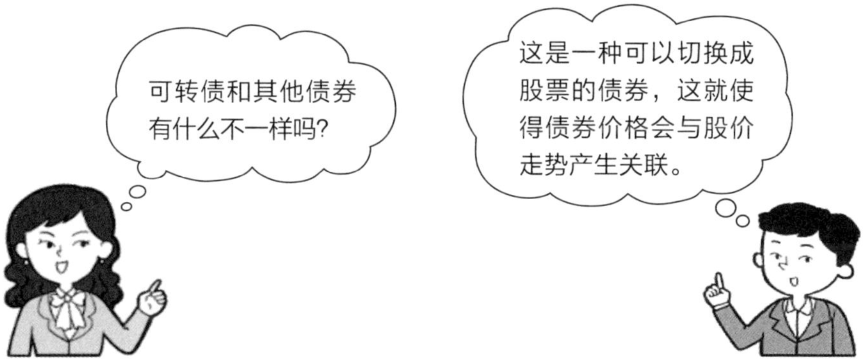

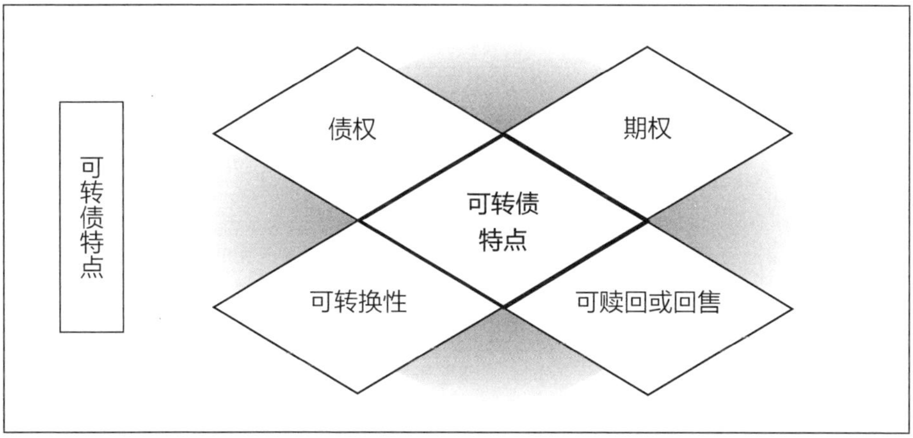

债权	与其他债券一样，有规定的利率和期限。投资者可以一直持有可转债，到期后收取本息。当然，可转债的票面利率水平相对比较低。
期权	可转债的持有者若将债券转换成股票后，就变成了公司的股东，其所享受的权利与其他股东无异。因此，持有可转债就具有了这种未来转股的权利。只要在转股期内，投资者就自动拥有这种权利。同时，由于期权的性质，往往是距离存续期满的时间越久，期权的价值越大；反之，则价值较小。
可转换性	通常情况下，可转债发行六个月后，投资者就可以开始将债券转换成股票。转换比例为：可转债面值/转股价格。可转债的转股价格是在发行时确定的，若股价大幅低于或高于转股价格时，可能会修改可转债转股的价格。
可赎回或回售	当股票价格连续多日高于可转股价格一定幅度时，企业可按照事先约定的赎回价格赎回债券；当股票价格连续多日低于可转股价格一定幅度时，债券持有者可按照事先约定的回售价格将债券回售给企业。

可转债收益影响因素

可转债收益影响因素

- 票面利率：票面利率对可转债价格体系具有重要的托底功能。可转债的票面利率越高，可转债的价值也就越高。
- 转股价值：可转债的转股价值是其最核心的价值要素。转股价值越高，可转债就越有价值，价格也会越高。
- 转股价格：转股价格也是可转债区别于普通债券的一个显著特征。可转债在发行时，会事先约定一个转股价格，即可转债上市六个月后可按此价格转换为股票。转股价格与正股价格的价差，也反映了可转债的转股价值。
- 正股价格：可转债完成转股才会使其价值最大化。因而，股票价格的走势往往直接决定了债券基金的收益。若整个股市进入牛市行情，股票价格自然会随之水涨船高；反之，股价则会走低。
- 市场期望与预期：可转债的价值包含了一定的期权价格。即当市场预期股票价格上涨时，可转债的价格就会高于转股之后的价值，其中就包含了一定的市场期望。
- 回售与下修条款：回售条款和下修条款有利于可转债持有者，也将提升可转债的交易价值。

一、可转债的债券要素

工具概述

可转债，首先它也是一种债券，因而其必然也会具备债券所共同具有的一些要素，包括债券面值、债券期限、票面利率等。

工具解读

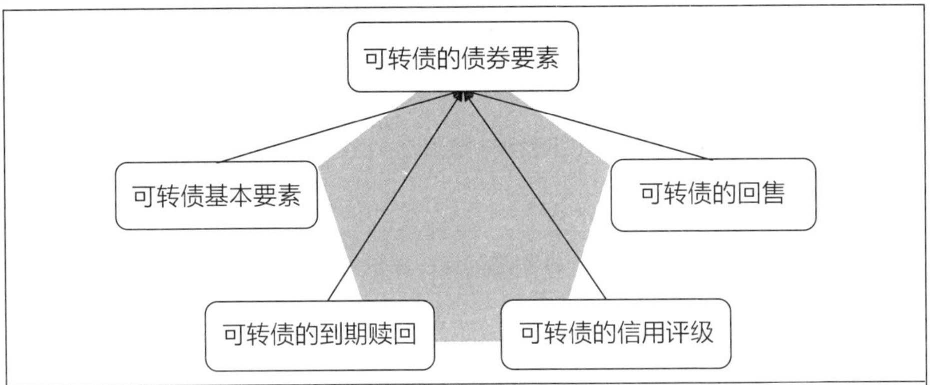

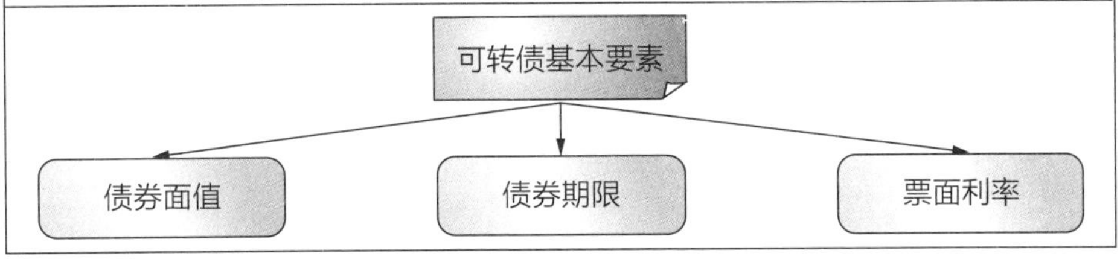

债券面值	目前，市场上流通的可转债债券的票面金额通常为100元。投资者交易时以手为单位（与股票相同），每手10张债券。一般每次需要1000元左右的现金就可以完成一手可转债的交易。
债券期限	按照相关规定，可转债的存续时间应该不超过6年。目前，大多数企业发行的可转债的年限为6年（也有一些企业的可转债年限为5年）。
票面利率	可转债的期限一般为6年，时间每增加一年，可转债的利息也会提升一点，也就是说，可转债的票面利息并不是固定不变的，而是会随着年限的增加而增加。企业信用等级不同、发债时的市场环境不同，可转债的票面利率也会有所不同。

可转债的到期赎回

可转债并非为了赎回

可转债发行企业的最终目的并非是为了到期赎回。也就是说，从可转债发行设计开始，就是为了让可转债持有人顺利实现转股操作，而不是持有到期再将债券拿回来。

可转债赎回价格

普通债券就是到期还本付息，而可转债持有到期，企业赎回债券时所支付的金额通常要高于本金。可转债发行企业可能会以债券面额110%，甚至120%的价格赎回债券。

可转债到期赎回与普通债券赎回的区别

可转债的信用评级

- 偿债 ▶ 分析债券发行单位的偿债能力
- 付息 ▶ 考察发行单位能否按时付息
- 费用 ▶ 评价发行单位的费用
- 风险 ▶ 考察发行单位的风险承受能力

可转债的信用评级

评级	评级细分		典型特征	备注
A	AAA	信誉高、风险小	1.本金和收益安全性高 2.受经济形势影响较小 3.收益水平较低，筹资费用较低	又称“金边债券”
	AA			
	A			
B	BBB		1.债券的安全性、收益可能会受到经济形势的冲击 2.受经济形势影响较大 3.收益水平较高，筹资费用较高	比较有吸引力的债券
	BB	投机级债券		
	B			
C	CCC		1.收益较高，风险极大 2.仅具有一定的投机价值	投机性债券
	CC			
	C			
D	——		没有经济意义，但差价变化可能较大	赌博性债券

可转债的回售

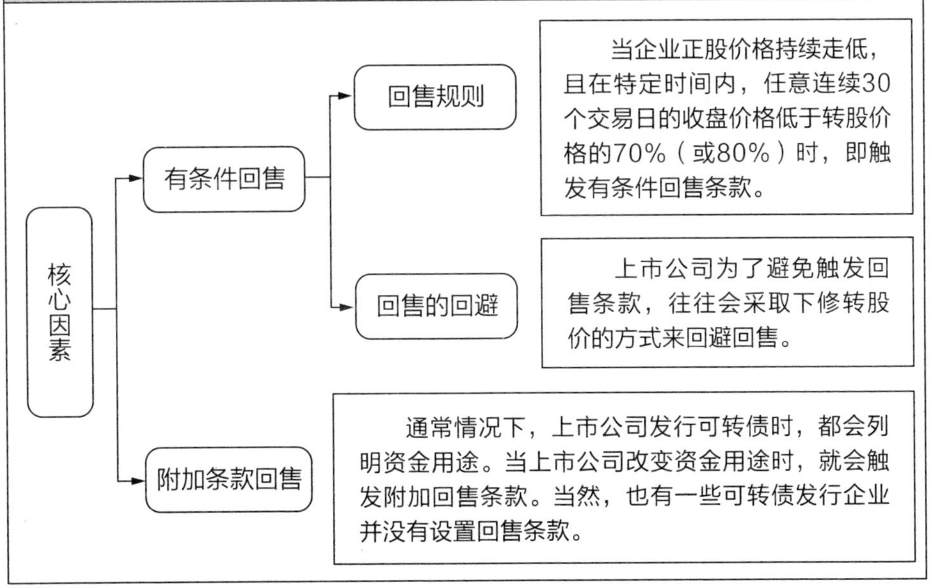

二、可转债的特有要素

工具概述

可转债除了具有债券特征外，还有一些自身所独有的特征。正是这些特征，使可转债与其他债券产生了区别。

工具解读

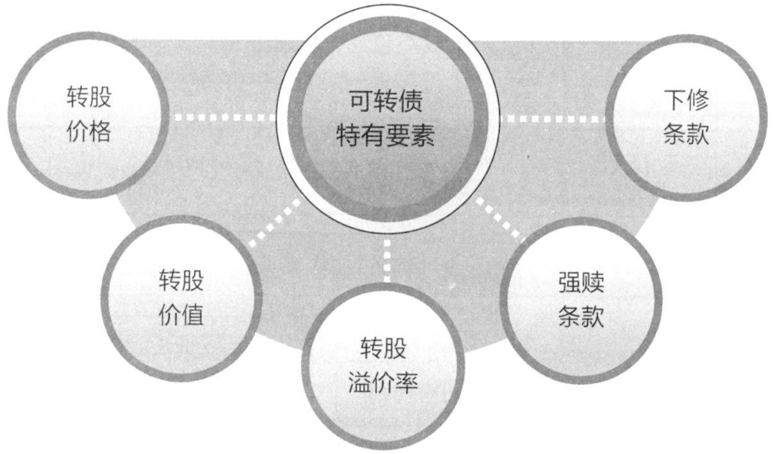

转股价格

转股价格是可转债区别于普通债券的一个显著特征。可转债在发行时，会事先约定一个转股价格。当可转债上市交易六个月后，投资者即可根据约定行使转股权。

转股价格作为可转债价值的中枢，对整个可转债价格波动与转股操作有着重要的意义。

第一，转股价格是每张可转债可以转换多少股票的依据。每张可转债可转换股票数量的计算方法如下：

可转股数量=可转债面值（100元）/转股价格

第二，转股价格与正股价格的价差过大，可能会触发可转债的强赎条款。

第三，若正股价格持续走低，也可能会触发转股价格下修条款或可转债回售条款。

转股价值

转股价值是相对可转债市场价格而言的，也是可转债市价交易价格形成的重要参照标准。转股价值的计算如下：

转股价值=每张可转债转股数量×正股价格

其中，每张可转债转股数量=可转债面值（100元）/转股价格

如某只可转债的转股价格为10.93元，而该可转债的正股股价为9.04元，则：

每张可转债转股数量=100元/10.93元

=9.15股

转股价值=9.15×9.04元

=82.7元

转股溢价率

可转债的市场价格相对其转股价值的溢价幅度就是溢价率。溢价率的计算如下：

溢价率=（可转债市场价格-转股价值）/转股价值×100%

如某只可转债的价格为107.32元，其转股价值为82.7元，则其溢价率为：

可转债溢价率=（107.32-82.7元）/82.7元×100%

=29.77%

强赎条款

强赎是上市公司占据主导地位的赎回债券的一种方式。通常情况下，随着上市公司股价的持续上扬，并超过了转股价格一定比例时（即正股价格高于转股价的一定比例，如20%或30%等），上市公司就有权强制赎回市场上的可转债。

除了正股价格触及强赎线可能触发上市公司的强赎外，当市面上流通的可转债数量过少时，上市公司也可能会启动强赎机制。每家上市公司在发行可转债时，通常会列明这类条款。

当然，上市公司本身是不愿意赎回可转债的。而强赎条款的设置，本质上还是为了促使投资者尽快完成可转债转股的操作。

下修条款

下修条款是可转债特有的条款。当可转债的正股价格连续走低，并低于转股价一定比例时（大多数企业为70%），就会触发回售条款。不过，上市公司为了防止回售条款的触发，往往会在股价出现下跌时，先行下修转股价，使得回售条款无法触发。

目前，大多数上市公司的可转债转股价下修条件为：股价在30个交易中有15个交易日低于转股价的一定比例（范围从70%到85%不等）。

转股价下修的标准，即不能低于修正会议召开前二十个交易日股票交易均价和前一交易日均价之间的较高者。

三、可转债的获利模式

工具概述

无论可转债具有何种属性，持有可转债的投资者需要解决的还是如何获利的问题。可转债的获利模式通常包括四种。

工具解读

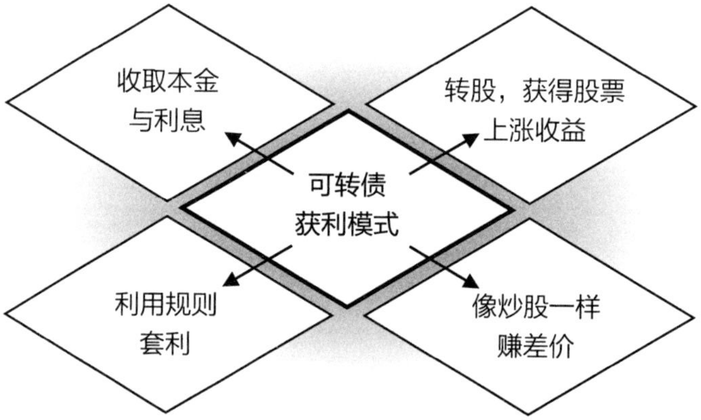

到期收取本金利息	作为拥有债券属性的一种证券，按期收取本金和利息收入是其非常重要的获利模式。当然，并没有多少投资者会坐等收取本金和利息，毕竟利息收入过低，难以抵消资金的成本。
转股，获得股票收益	持有可转债的投资者可在约定的转股期（通常为可转债上市发行六个月后）内，将手中的可转债转换为股票。当投资者将手中的可转债转换为股票后，那么其获利方式将会像股票一样，从股价的上涨中获利。
利用规则套利	通常情况下，可转债发行方会设置若干回售或强赎、下修条款。某只股票的正股价格持续走低，那么，该股所对应的可转债价格也会随之走低。可是当可转债的价格跌破100元的面值，特别是当可转债触发了回售或下修条款时，往往就会具有相当大的套利空间。
像炒股一样赚差价	由于可转债特殊的规则，使得可转债的价格波动比股票更为剧烈。有价格波动就有交易的机会，也就可能博取其中的利润。

第二节　可转债估值策略

工具概述

由于可转债具有债券与股票的双重属性，因而，对可转债的估值也需要从这两个角度入手，综合评估。

工具解读

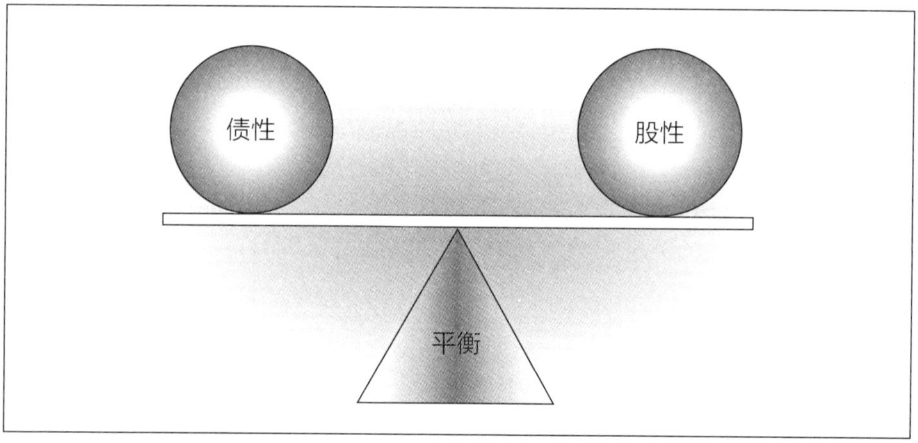

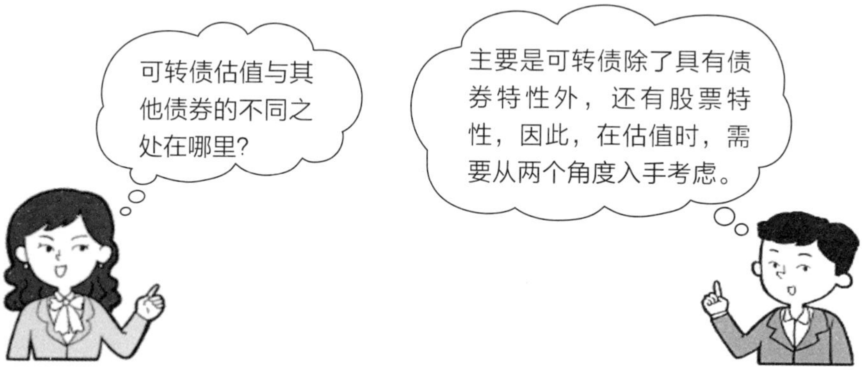

一、从纯债角度估值

工具概述

可转债首先是一种债券，因而，从债券角度估值时，不可避免地会涉及债券估值的各个维度。

工具解读

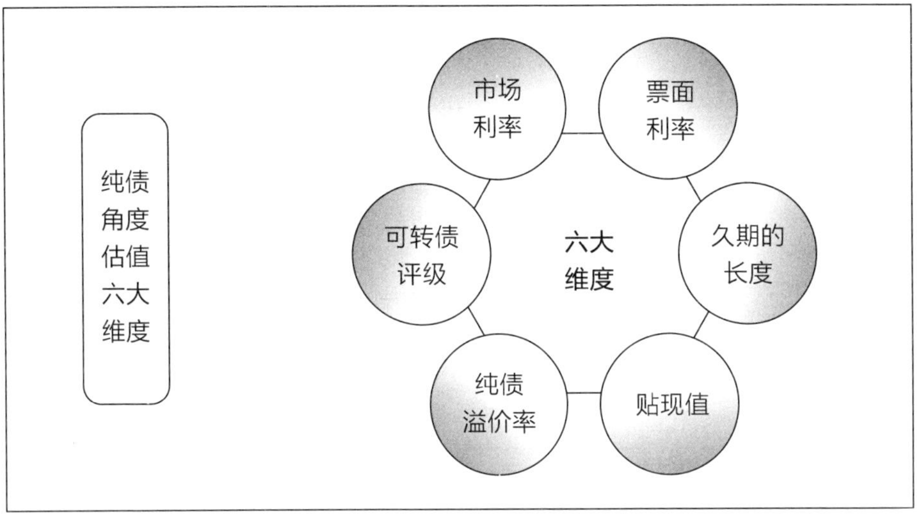

票面利率

票面利率与到期赎回金额

累进利率：可转债债券的票面利率执行的是累进利率，往往头两年的利率很低，最后两年的利率要高一些。

到期赎回金额：这个金额与发行其他债券也是不同的，大多数企业到期赎回的金额都要高于票面金额的100元，如110元和120元。

票面利率与到期赎回额示例

债券名称	票面金额	各年利率						到期赎回额	本息合计
		第1年	第2年	第3年	第4年	第5年	第6年		
利群转债	100元	0.4%	0.6%	1%	1.5%	1.8%	2%	110元	115.3元
滨化转债	100元	0.3%	0.5%	1%	1.5%	1.8%	2%	110元	115.1元
龙蟠转债	100元	0.5%	0.8%	1.8%	3%	3.5%	4%	120元	129.6元
龙净转债	100元	0.2%	0.5%	1%	1.5%	1.8%	2%	110元	115元
久吾转债	100元	0.5%	0.8%	1.2%	3%	3.6%	4%	121元	130.1元

久期的长度

可转债距离到期日的长短，是债券价值分析的重要内容。距离到期日越长，意味着债券的本息贴现之后，价值更低，会影响其估值；反之，距离到期日较近的债券，投资者拿到本息贴现之后，价格更高，也会提升其估值水平。

同时，久期越长，意味着变数越多，风险越大；反之，则风险相对较小。

可转债的本息贴现值

可转债的本息收益是要在可转债到期时才能收回的，且最后一期的利息也是最高的。但是，所有的现金都是有成本的，今天的100元，与6年后的100元肯定不是等值的。这就涉及一个贴现的问题。要想准确地计算可转债中的纯债价值，就需要对可转债的纯债收益进行贴现计算。

在计算可转债纯债价值前，先要梳理一下资金贴现的计算方法：

$$V=\frac{D_t}{(1+K)^t}$$

其中：V——资金的贴现值（即未来所得现金的现值）

D——第t年获得的现金

K——资金的贴现率

纯债溢价率

通常来说，纯债溢价率本身确实可以作为可转债重要的估值参考指标。纯债溢价率高，说明可转债价格存在高估的可能。但由于可转债还存在强赎条款、下修条款等特殊的条款，市场也可能会因为可转债价格可能会触发下修条款而走高；也可能会因为可转债价格即将触及强赎条款而回落。总之，在分析纯债溢价率时，需要多角度进行分析。

可转债的评级

可转债的评级也是影响可转债估值的重要因素之一。作为债券，专业评估机构给出的评级越高，往往也就越能获得投资者的青睐；反之，投资者可能会出于投资安全的角度考虑，谨慎投资这类债券。

市场利率

市场利率也是影响可转债纯债价值的一个重要因素。通常情况下，当市场利率走低时，由于可转债的票面利率是固定不变的，就相当于可转债的票面利率更具有投资价值了，因而，市场资金也就会更加偏好可转债。

二、从转股角度估值

工具概述

可转债所具有的股票属性，是其本身价值中最主要的组成部分。尽管所有可转债都具备转股的特性，但因投资者对可转债股性价值的评估有所不同，转股溢价率却完全不同。

工具解读

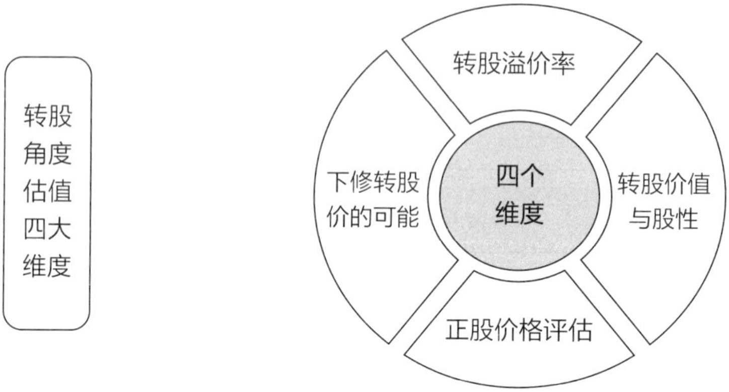

转股溢价率评估

在可转债领域，由于投资者都是为了最终的转股而买入可转债的，因此，与转股价格直接相关的转股溢价率就成了衡量可转债价值的重要指标。投资者可以从多角度来评估转股溢价率水平。

参照基准

- **市场平均转股溢价率**：若单只可转债的转股溢价率水平处于市场平均线的上方，说明该可转债的价格存在一定的高估；反之，则说明存在低估。
- **个股历史溢价率**：通过当前转股溢价率处于历史溢价率波动区间的位置，可以大致评估当前溢价率的水平高低。
- **溢价率极值水平**：通常情况下，转股溢价率都是正值，若溢价率出现负值，则需要投资者特别关注，因为这意味着一个较佳的套利机会的出现。

转股价值与股性因素

从严格意义上来说，转股价值就是可转债价格的一个中枢，也可以作为可转债偏股性还是偏债性的重要评价依据。

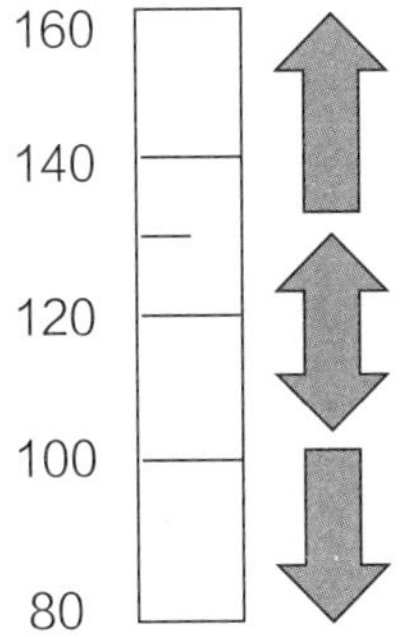

转股价值超过130，说明正股价格已经触及了大多数企业的强赎价格线，该可转债存在被强赎的风险。

转股价值100为转股平衡线，即转股价格与正股价格相等。此时，可转债价格受到正股价格波动影响非常大。

当转股价值低于100时，意味着投资者进行转股操作将失去意义，将可转债看成债券并长期持有才是明智的选择，可转债更具债券的特征。

正股价值评估

从某种意义上来说，正股质地应该是影响可转债转股溢价率的一个非常重要的因素。对于一些质地优良的股票来说，未来股价继续上涨的可能性肯定要大于质地不佳的股票。也正因如此，市场更愿意为这种质地优良的股票赋予更高的溢价率。在评估一只股票的质地时，成长性指标又是其中最重要的指标。

下修转股价的可能

一般情况下，当可转债的正股价格持续走低时，往往就会失去转股的价格。但基于可转债规则的特殊性，当正股价格下跌至下修位置时，就存在下修转股价的可能性。正因如此，当可转债即将触发下修条款时，也可能会引发较多的资金入场。

触及下修条款并不意味着上市公司一定会下修转股价。也就是说，下修转股价规则的设置也是评估可转债估值的一个重要因素。

大多数上市公司的下修转股价条件为：连续30个交易日中至少有15个交易日的收盘价低于当期转股价格的80%或85%。

通常来说，比例设置得越高，就越容易达成，也就相对更加友好。

同时，转股价与正股的净资产比值也是评估下修转股价可能性的一个重要指标。通常情况下，转股价与净资产的比值越大，则越存在下修转股价的可能；反之，若转股价已经跌破净资产了，即转股价与净资产的比值小于1，则基本上不会下修转股价了。

三、影响可转债价格的其他因素

工具概述

在实际交易中，除了可转债的内在价值外，还有一些其他因素可能对可转债的价格造成一定的影响。

工具解读

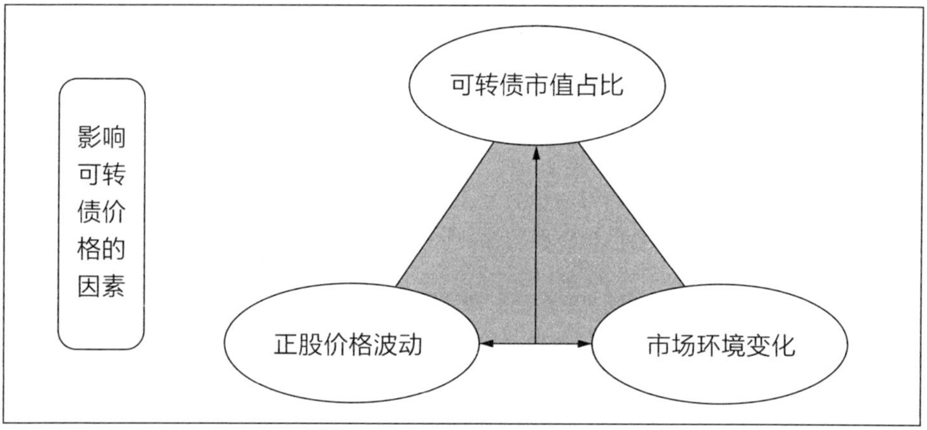

可转债市值占比

可转债市值占比，是指上市公司发行可转债的额度占该公司总市值的比重。这是一个反映上市公司偿债压力的指标。通常情况下，市值占比越高，说明企业到期偿债压力越大，企业更倾向于让投资者进行转股。当正股价格触及下修条款时，这类企业也更会积极地向下修正转股价，以利于投资者完成转股操作。

正股价格波动

正股波动率也是影响投资者对可转债估值的一个重要因素。正股价格波动大的可转债总是会获得更高的估值溢价，也更受投资者欢迎。

参照基准

- 正股价格波动大，也就意味着正股价格走高或出现大幅上涨的可能性要远远大于波动率小的股票，这就为可转债的估值提供了很大的想象空间。
- 价格波动大的正股，即使价格处于转股价下方，也可能很快重新回到转股价上方，这对于入手可转债的投资者来说非常有利。
- 正股价格波动大，所对应的可转债的价格波动必然也会很大，这就为可转债投机交易者提供了很多操作机会。

市场环境变化

市场环境与可转债操作

- 随着市场环境的恶化，投资者普遍会对市场后期的走势缺乏必要的信心。也就是说，大家普遍认为正股的价格可能会继续走低，那么，这时候可转债的转股溢价率是不可能高企的，尽管这时候正股价格可能已经非常便宜了。其实，这一时期往往属于可转债投资的黄金期。
- 在牛市市场环境中，正股价格即使已经出现了较大幅度的上涨，但市场普遍预期其还将继续上攻，这就导致了转股溢价率的持续高企。当然，一旦正股价格触及了强赎价格线，则意味着可转债的转股溢价率势必会出现回落。

第三节　可转债投资策略工具

工具概述

基于可转债的特点，持有可转债的投资者既可以像投资债券一样，持有可转债到期获得本息，也可以像股票一样利用价格波动赚取差价，还可以通过套利等方法获利。

工具解读

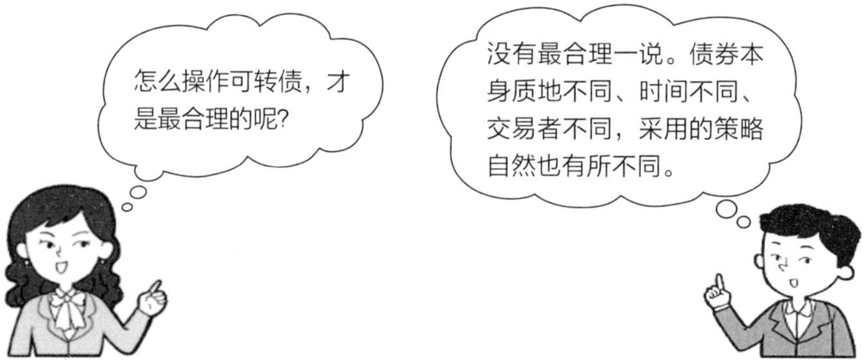

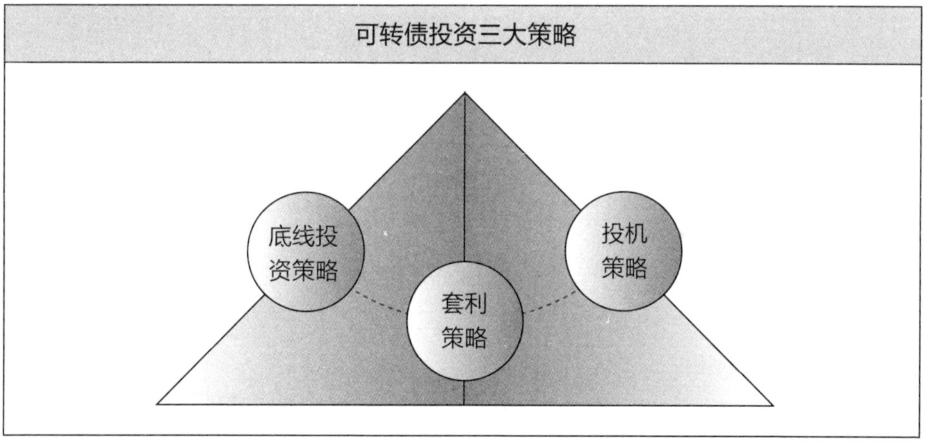

一、可转债底线投资策略

工具概述

可转债底线价值投资是一种最为稳妥的投资方式。该投资方式是通过对可转债内在价值的计量，而后再以相对的或绝对的低价购入可转债产品的投资策略。在实际操作中，该操作方法的盈利概率会远远大于亏损的可能。

工具解读

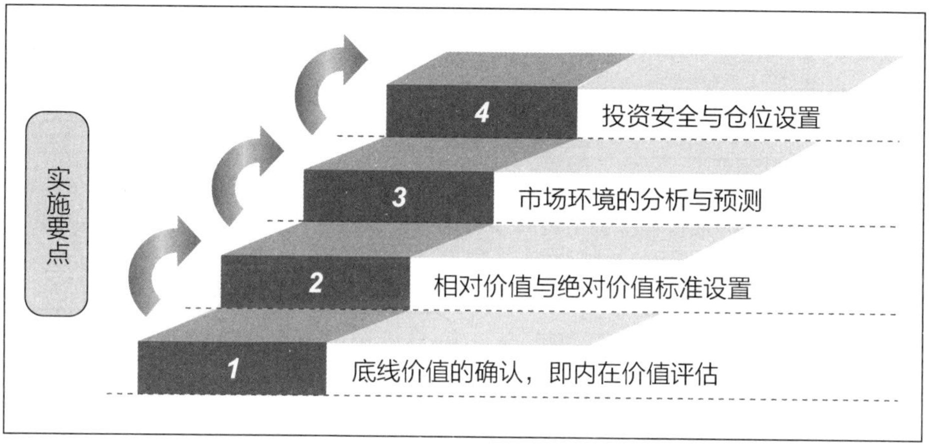

底线价值的确认

确认底线价值

- 转股底线价值：转股的底线价值即可转债的转股价格。可转债的价格更应该与其转股价值相匹配。过高的转股溢价率绝不是理想的入场时机。只有等待转股溢价率达到很低的水平，甚至是负值的水平时，才属于最佳的入场时机。
- 债券纯债价值：在熊市中，很多可转债的正股价格都会低于转股价格，这就使得通过分析转股价值来筛选可转债投资标的变得并不现实。基于债券到期本息贴现计算而得出的纯债收益率，就是衡量可转债有无投资价值的重要标尺。

相对价值与绝对价值标准设置

绝对标准更容易操作，且成功概率也高。比如，可转债的价格低于转股价值或纯债价值时。不过，在实战操作过程中，绝对标准是很难达成的一个入场标准，因而，相对标准更为现实。

比如，投资者通过将拟投资的标的和其他可转债的转股溢价率或纯债溢价率进行对比，发现相对的投资价值，就是一种在正常市场条件下较佳的选择。

市场环境的分析与预测

牛市环境

可转债的正股价格逐步走高，可转债的溢价率势必随之走高，因而，投资者再想寻找低转股溢价率，甚至转股溢价率为负值的可转债是不切合实际的。因此，找寻相对低估的品种就是最为现实的选择。

熊市环境

可转债所对应的正股价格持续走低，可转债的价格也会随之走低，但由于其存在债券的性质，使得其价格不太可能大幅低于100元面值，也就是说，可转债的转股溢价率可能在下跌至一定水平后重新走高。这主要是可转债已经进入债券属性区域了。

投资安全与仓位设置

尽量避免重仓单一可转债品种，但持仓一般不超过5只。

平衡可转债评级与价格，尽量选择高评级、低价品种。

综合考虑市场环境，调整投资总仓位。

二、可转债套利策略

工具概述

套利本质上就是一种价差交易。由于可转债具有债券和股票双重特性，同时又具有转股的权利，这就使得可转债存在了套利的基础。即当可转债的价格与正股价格、纯债收益存在背离时，投资者就可以采取一定的套利方法，完成套利操作。

工具解读

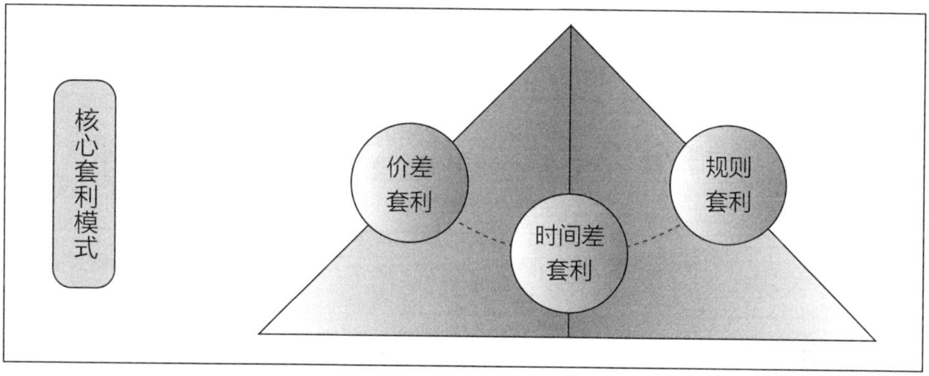

价差套利

价差套利

股权套利：

可转债股权的性质，使得其不仅有交易价格，还具有转股价，以及与之相关的转股价值。按照理想的情况，可转债的转股价值应该等于其交易价格。在交易时段内，可转债的价格和所对应的正股价格总是处于变化中。在某些时段就存在可转债价格走低，而正股价格走高的情况，甚至可转债的转股溢价率为负值的情况，而这种情况的出现，就是一次绝佳的套利时机。

债权套利：

当可转债的价格低于纯债价值时，就存在一定的套利空间。从某种意义上来说，这种套利空间是一种绝对的套利空间，几乎是稳赚不赔的买卖。当然，这种套利空间一般都是在股市进入熊市后才可能出现的。

时间差套利

时间差套利是指可转债发行后存在若干个时间窗口，而在时间窗口到来之前，可转债的价格与之后的价格会存在一定的差异。

时间差套利

- **上市交易时间**：在可转债正式上市前，可转债的价格是固定的100元，而上市之后，由于其转股价值的变化（如正股价格上涨），可转债的价格势必会出现变化（通常都是上涨的）。这就造成了一个非常明显的价差，即存在一个明显的套利机会。
- **转股开始时间**：可转债申购日后六个月即可进行转股操作。在此之前，即使可转债的转股溢价率为负值，实际上投资者也无法将这部分利润拿到手中，只有等到转股日来临后才能进行转股，兑现利润，而在这段时间内，往往也可能存在套利机会。
- **到期赎回时间**：在熊市中，可转债的价格可能会出现非理性的下跌，而若可转债距离到期赎回日较近时（比如一年以内），那么，这些投资者就存在一个明确的到期赎回套利空间。

规则套利

由于可转债存在一些相对特殊的规则，如下修条款、强赎规则、转股规则等，使得可转债这一投资品种相比于其他投资品种具有了更多套利机会。

规则套利

- **下修规则套利**：当正股股价低于转股价格70%或80%（有的公司规定为85%）的水平时，可转债发行企业可能会对转股价格进行调整。一旦转股价格完成下修，可转债势必会重新进行估值调整，这样就拥有了一个套利空间。
- **回售规则套利**：当正股股价低于转股价格70%时，且在回售期间，投资者即可将手中的可转债回售给上市公司。而这一回售价格就是可转债的托底价格，也是套利机会产生的保底价格。当正股价格走低，使得可转债价格大幅走低，并跌破了回售价格，若此时可转债正处于回售期，则投资者就拥有了一个较佳的套利机会。
- **其他条款套利**：投资者还可以利用强赎条款、正股涨停等机会寻求套利机会。

三、可转债投机策略

工具概述

除了进行可转债套利交易外，投资者还可以像股票一样交易可转债产品，从可转债价格的波动中投机获利。

工具解读

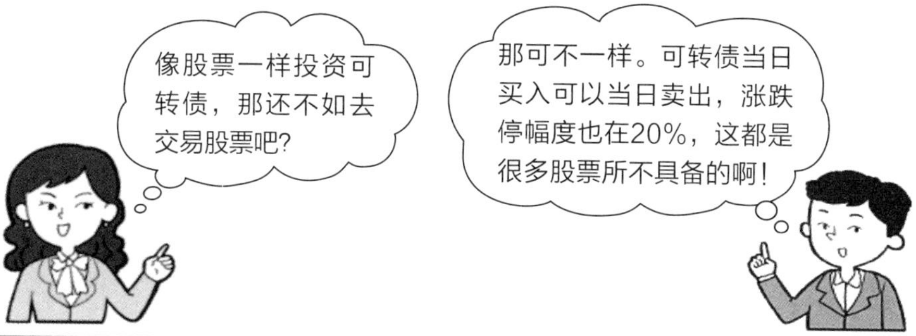

交易可转债的优势

- T+0交易规则，让交易更为灵活。
- 涨跌停板幅度都在20%左右，有效地增大了振幅。
- 交易费用更低，暂时没有印花税，而且佣金也更低。
- 价格波动更大，更容易捕捉到波段操作的利润。

可转债的投机机会可能会给投资者带来巨大收益的同时，也会让其面临巨大的风险，因而，站在投资的角度，投资者还是应该从正常交易的视角，理性地分析可转债价格的波动，并力争从其价格波动中获利。

第六章
股票投资工具

股票是“固收+”产品线中“+”资产的首选产品。股票因其波动较大，属于风险与收益双高的投资标的。在具体操作过程中，各类产品布局的股票资产也会因产品线的整体规划而有所不同。

第一节　股票认知工具

工具概述

股票是由股份公司发行的所有权凭证，是股份公司为筹集资金而发行给各个股东作为持股凭证，并借以取得股息和红利的一种有价证券。炒股票，其实就是在交易这种凭证。

工具解读

解读	企业需要由证券交易辅导达到一定要求后，在交易所（包括上交所、深交所、北交所等）挂牌上市。此后，该公司股票可在交易所交易，而普通投资者交易股票则需通过证券公司在交易所的席位完成过户交易。

一、炒股盈利的基本模式

工具概述

炒股就是为了赚钱。但事实上，在股市中真正赚到钱的人却是少数。因此，熟悉和掌握交易股票赚钱的模式就显得尤为重要了。

工具解读

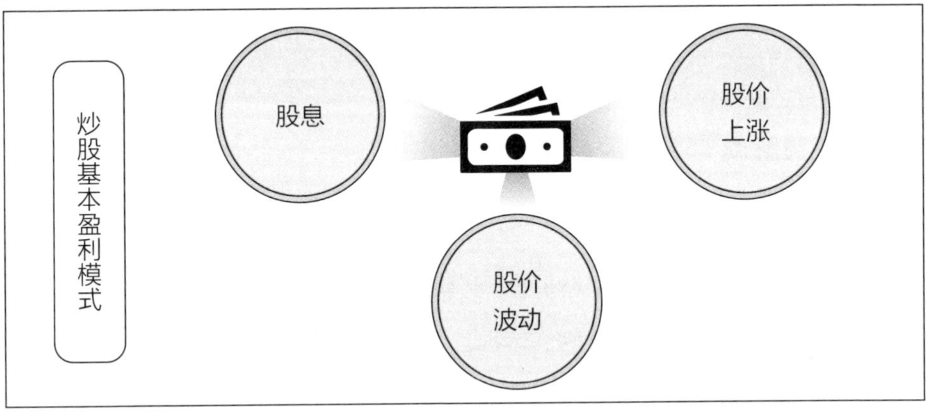

模式一：股息盈利

投资者持有上市公司的股票以获得相应的股息和红利为目标。

该模式适合分红比率较高的股票，以银行股和超级绩优股为主，且需要投资者长期持仓。

报告期	董事会日期	股东大会预案公告日期	实施公告日	分红方案说明
2022年报	2023-03-31	--	--	10派3.73元(含税)
2022中报	2022-08-27	--	--	不分配不转增
2021年报	2022-03-26	2022-06-29	2022-07-06	10派3.55元(含税)
2021中报	2021-08-28	--	--	不分配不转增
2020年报	2021-03-27	2021-06-30	2021-07-07	10派3.17元(含税)
2020中报	2020-08-29	--	--	不分配不转增
2019年报	2020-03-28	2020-07-01	2020-07-08	10派3.15元(含税)

左图为交通银行最近三年的分红数据。从图中可以看出，其每年每股的分红额度都在0.3元以上，而该股股价却一直徘徊在5元左右。长期来看，持有该股拿股息也是不错的选择。

操作难易程度：简单　　股票标的要求：较高　　持有周期：长期

模式二：股价上涨

投资者在低位买入股票，持有一段时间后，高位卖出。

该模式比较适合绩优股或者在熊市尾声入场，买入一些优质股票。选好股票，就是该模式成功的关键。

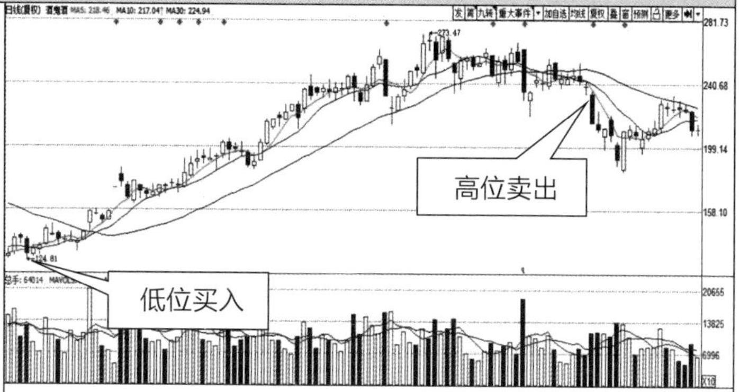

上图为酒鬼酒2021年3月到7月的股价走势图。从图中可以看出，该股在四个多月的时间里，股价翻了一倍。不过，该股上涨过程中也出现了多次调整，投资者要能“拿得住股票”。

操作难易程度：较难　股票标的要求：较高　持有周期：中长期

模式三：股价波动

股价短期受利好刺激而快速拉升。

该模式不考虑股票本身质地，只看股票量价形态有无继续上升的可能。目标是博取股价上行的波段收益，哪怕只有1%的利润。

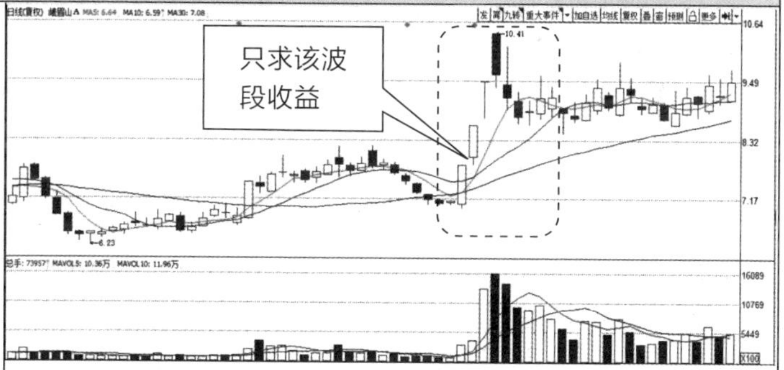

上图为峨眉山A在2022年11月底的股价走势情况。从图中可知，该股在11月中上旬已经出现了回调走势，而后才出现一波急速反攻走势。很多超短线交易者就是靠捕捉这种短线反攻走势获利的。当然，这种模式失败的概率也是很高的，但他们打的是成功率和整体的获利率。比如，十次交易可以允许有五次，甚至更多的失败（小亏损），但成功时需要有更高的盈利比率，这样才能弥补之前的亏损。

操作难易程度：极难　股票标的要求：较高　持有周期：短期

二、股价波动的影响因素

工具概述

从以往的经验来看，市场上绝大多数投资者都是希望通过股价波动来获得盈利的。而造成股价波动的因素，又包括很多方面。

工具解读

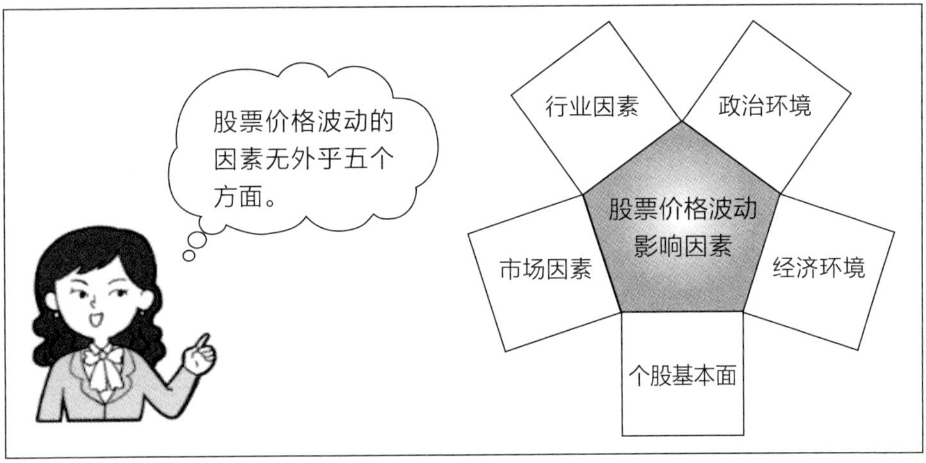

政治因素	国际或国内的一些政治事件都有可能影响股价的涨跌。比如，一些国家发生战争，那么势必影响相关的国际贸易，当然，也会刺激军工类股票上涨；国家发布的一些政策、规划等，也能够对一个或数个板块的股票产生巨大影响。 比如受俄乌冲突影响，2023年上半年军工股票，特别是中船系股票走势较强。中船科技在2023年4月下旬到5月初的十几个交易日内实现了股价翻番。
经济因素	经济因素主要是指宏观的经济环境，如国家整体经济运行情况、行业经济地位变化以及经济周期变化等。 按照正常的理解，国家经济形势向好时，股市也会向好；反之，当经济下行时，股市也会出现下跌走势。不过，在实际生活中，股市与经济周期走势并不会完全同步，而是要略早于经济周期。

基本面因素	这是影响股价波动最核心、最内在的一个因素。个股基本面包括公司整体运行态势、公司发展前景、同业地位、公司基本财务数据（包括每股净资产、市盈率、市净率以及净利润增长率等）。通常来说，市场对个股的基本面数据会有一个预期。而当个股基本面数据与市场预期存在一定的落差时，股价就会出现异常波动。比如，市场预期某只绩优股的年度每股收益在3元左右，而实际上可能只有2.5元。那么，即使这只股票的收益仍是非常不错的，股价仍可能会下跌。因为股价走势已经透支了3元收益的涨幅，而此时的2.5元收益势必会促成股价的回调；反之亦然。
市场因素	市场因素主要是指主力机构或游资、大户的操盘意向。很多投资大师都曾经说过这样一句话：追随钱的足迹。市场上，这些主力机构、游资和大户的资金量比较大，他们关注的方向往往会对其他散户起到示范和引领作用，这样就会带动一批股票上涨或下跌。 短期内，资金流入较多的个股或板块，股价上行的概率就高；反之，资金流出的板块或个股，股价下行的概率就非常大。
行业因素	行业因素是指每个行业特性对股价波动产生的影响。例如，有些行业具有明显的季节性，那么，销售旺季即将到来的时候，股价就会率先上涨。比如钢铁行业往往会受到国际铁矿石价格波动的影响，因而，当铁矿石价格上涨，而钢材销售价格又无法同步时，就会引发股价下跌。

关于上述五点因素，需要重点注意以下几点。

第一，市场（资金）因素是推动股价波动最直接的因素。

第二，基本面因素是影响股价波动的根本因素。

第三，经济因素，即国民经济因素，可以推动市场或个股走出大牛市或大熊市。

三、股票交易资金管理

工具概述

第一是保住本金，第二是保住本金，第三是记住前两条。

——沃伦·巴菲特（Warren E. Buffett）

工具解读

风险投资占比=（80−你的年龄）×1%

公式解读	个人承担高风险投资的比例与年龄呈反比。年龄越大，向高风险领域投资的金额占比应该越小。股票属于典型的高风险资产。如果你的年龄是30岁，那么，你可以将自有资产的50%用于股票等高风险投资；如果你的年龄是50岁，那只能将自有资产的30%用于股票等高风险投资。

用于日常开支的资金

对外拆借的资金

融资配资平台的资金

四、交易纪律

工具概述

> 要像保护自己的生命一样，坚决捍卫交易纪律。
>
> ——来自诸多投资大师的忠告

工具解读

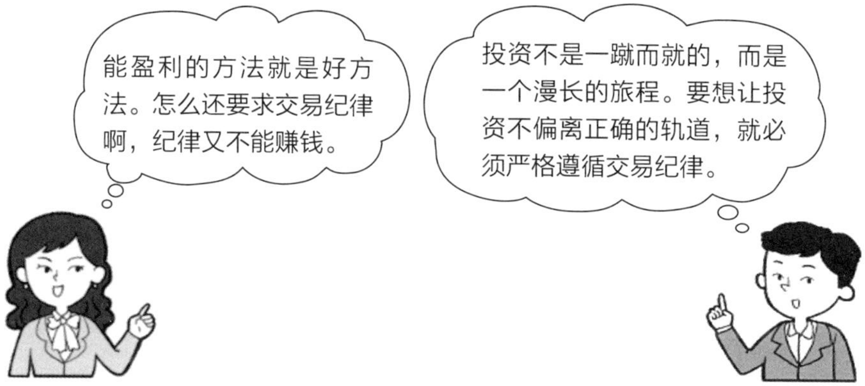

交易纪律	对于一个投资者来说，没有纪律的随意操盘行为也许能够为自己带来一定的收益，但后患无穷。随意买卖的操盘行为如果长期持续下去，甚至养成了某种习惯，就会让投资陷入十分危险的境地。

- 必须建立完整的交易系统
- 坚守自己的交易原则
- 宁可错过，也不可做错误的交易
- 永远保持一颗平常心

第二节　股票交易理论工具

工具概述

自从有了证券交易，就有很多投资研究者致力于寻找或发现能够指导交易或者揭示交易背后逻辑的理论与方法。随着证券市场的不断发展，这些理论也不断推陈出新，并不断演化至今。很多证券投资理论自发明至今，都一直在证券市场发挥着巨大的影响力，未来可能会继续如此。

工具解读

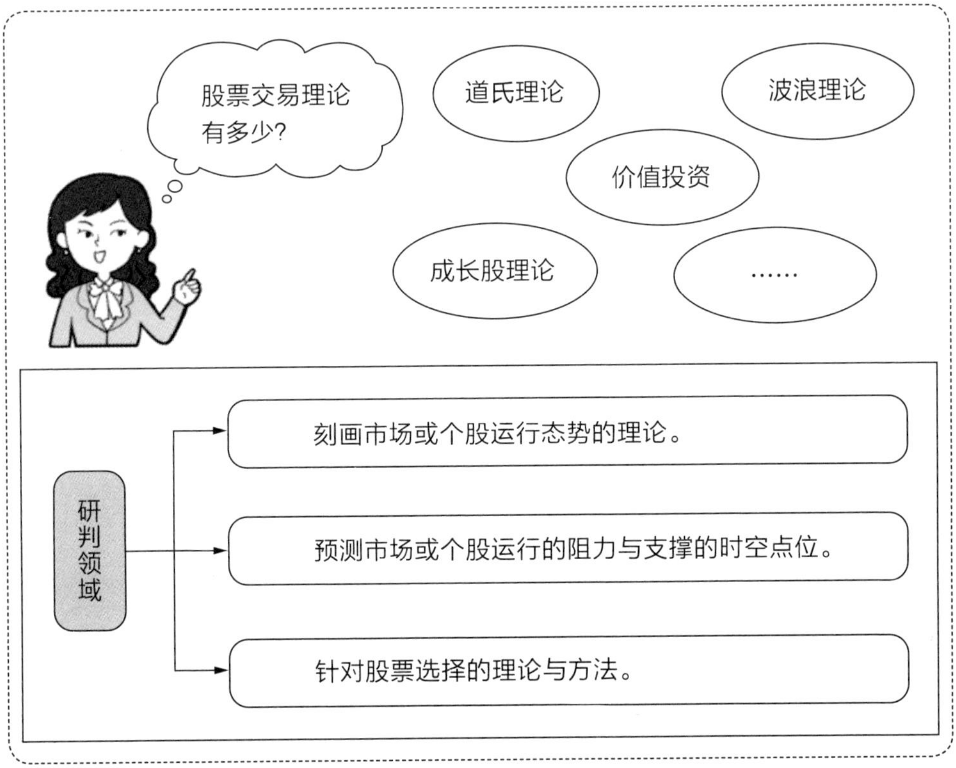

一、道氏理论

工具概述

在目前的证券投资领域，查尔斯·道（Charles Dow）所提出的道氏理论被认为是所有技术分析的鼻祖。查尔斯·道是道·琼斯公司的创始人之一，也是《华尔街日报》的创办者之一。他关于股票投资的文章都是发表在《华尔街日报》上的，而这些文章也是我们今天所学习的道氏理论的来源。

工具解读

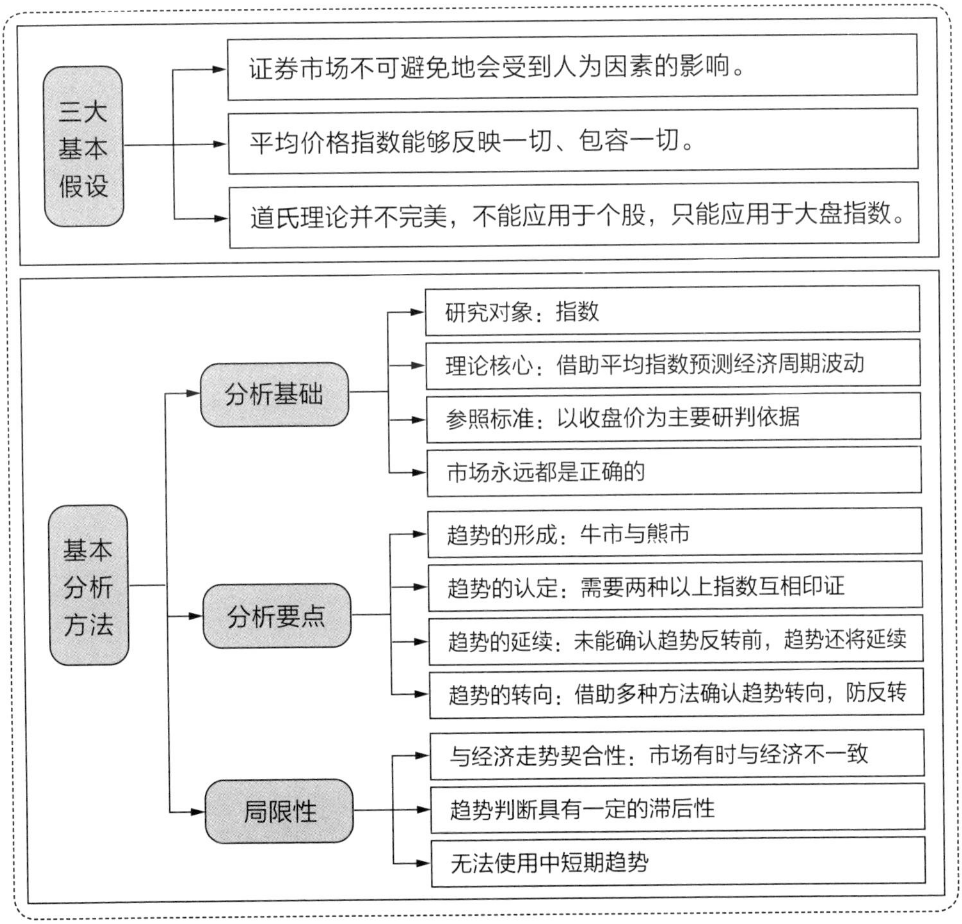

道氏理论的核心：三大运动

三大运动

- **主要运动**：主要运动决定了市场上大多数股票价格的运动方向，与经济基本面密切相关，主要分为牛市运动和熊市运动。
- **次级运动**：与主要运动方向相反，运动时间和幅度均小于主要运动，是对主要运动的一种修正。
- **日间波动**：股价或指数日内或几个交易日内的运动，是最容易被人为控制的一种运动。

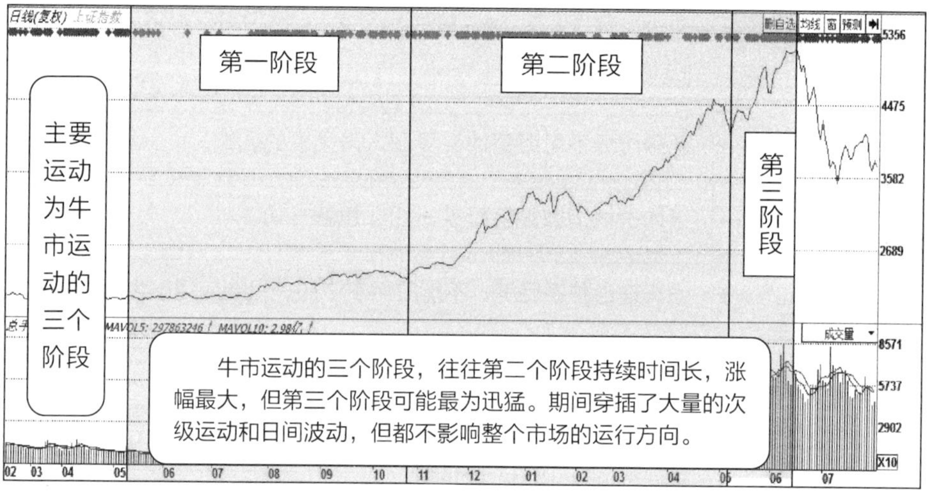

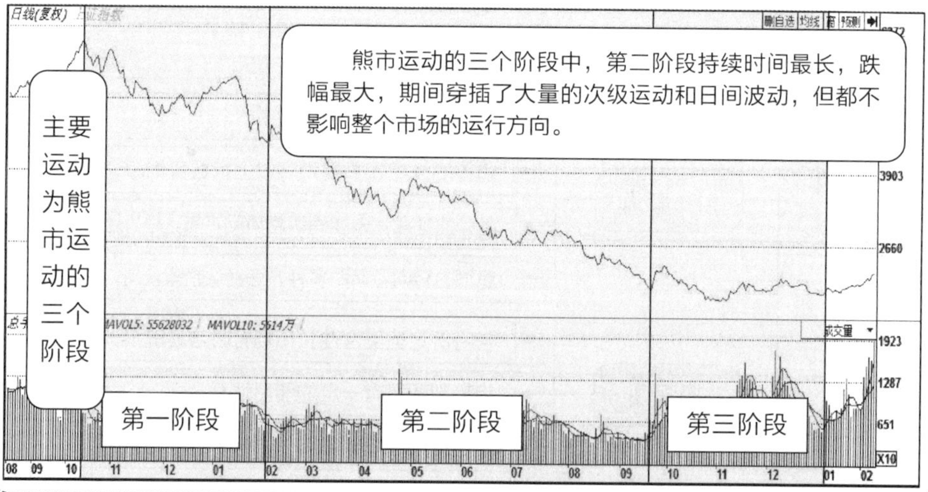

二、波浪理论

工具概述

波浪理论又称艾略特波浪理论，是由美国证券分析家拉尔夫·纳尔逊·艾略特（Ralph Nelson Elliott）在总结前人经验的基础上，利用道琼斯工业指数平均线作为研究工具，不断创新提出来的一套市场分析理论。艾略特是第一个系统提出波浪理论的人，他所提出的波浪理论对投资者系统、全面地探索股指和股价波动有重要的指导意义。

工具解读

遵循基本原理

- 世间万物皆有规律。
- 市场或股价会沿着趋势运动方向行进。
- 作用力与反作用力原理。力都是成对出现的，有作用力就会有反作用力。

波浪的基本结构

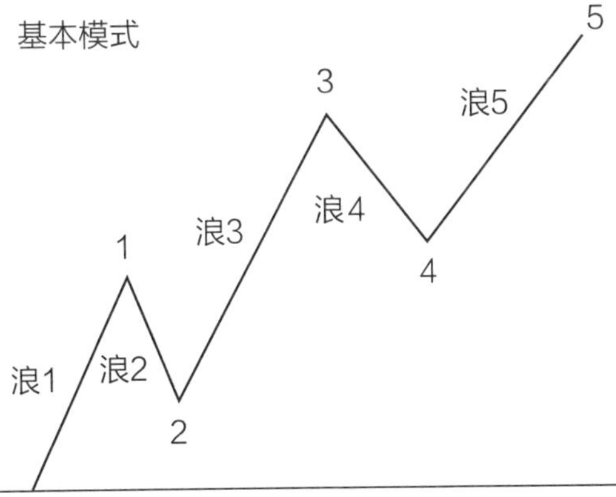

艾略特通过对前人经验的总结后得出，在各种市场中，价格前进一般都会沿着五浪结构进行。在这五浪当中，浪1、浪3、浪5是推动向前运行的，被称为有向运动；浪2、浪4是休整浪，是逆向运行的。对于将要发生的整个有向运动，这两个逆向休整浪是必不可少的。

艾略特认为，市场永远处于这个五浪模式当中，唯一的区别是，五浪的位置及波浪的长短各不相同。

在这个五浪结构中，有三浪，即浪1、浪3、浪5是驱动价格向前运行的，其作用也被称为“驱动的”；浪2、浪4是促使价格出现回调的，其作用被称为“调整的”。这个五浪模式反映了股价的一次前进过程，同时，这五个波浪也共同构成了更大一级波浪的某个波浪。

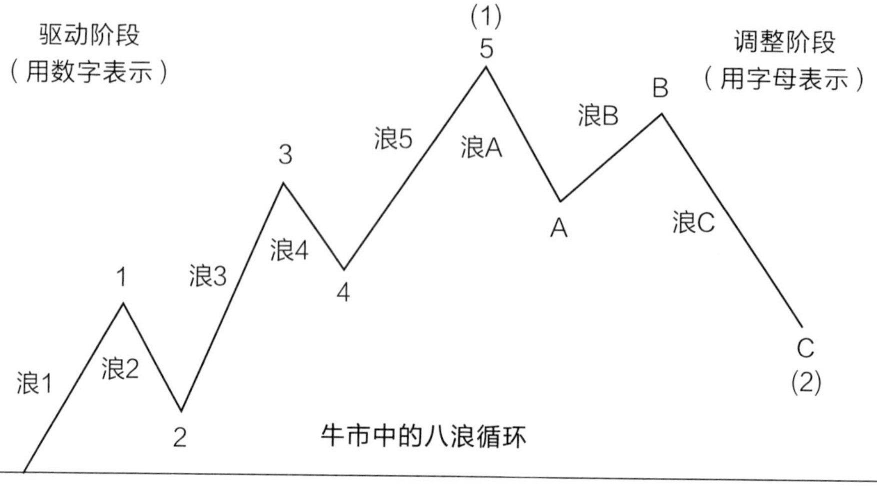

牛市中的八浪循环

有驱动前进的，就会有调整的，也就是说，五浪模式不是最终的归宿，八浪循环才是一个完整的系统。在一个完整的八浪循环中，波浪共分为两个阶段：一是五浪驱动阶段，即前面所提的五浪结构，二是三浪调整阶段。

驱动阶段的五浪全部用数字表示，即浪1、浪2、浪3、浪4、浪5；调整阶段的三浪全部用字母表示，即浪A、浪B、浪C。

熊市中的八浪循环

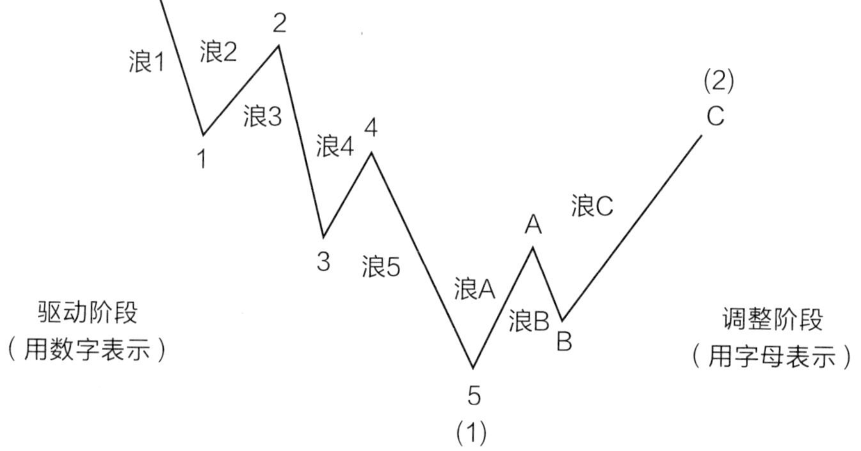

熊市中的八浪循环与牛市的八浪循环正相反。八浪循环中的每一个波浪也可以细分为五浪驱动结构或三浪调整结构。总之，波浪循环其实是无止境的，只要股市还继续存在，那么更大规模的浪级就一直在发展和延续。

三、价值投资理论

工具概述

价值投资是一种基于股票价值的投资活动。这里的价值，并不只是股票本身的内在价值，而是股票的投资价值。股票的投资价值涵盖了股票的内在价值以及未来的发展潜力、市场供需等因素。格雷厄姆是价值投资理论的奠基者，而巴菲特则将价值投资理论发扬光大。

工具解读

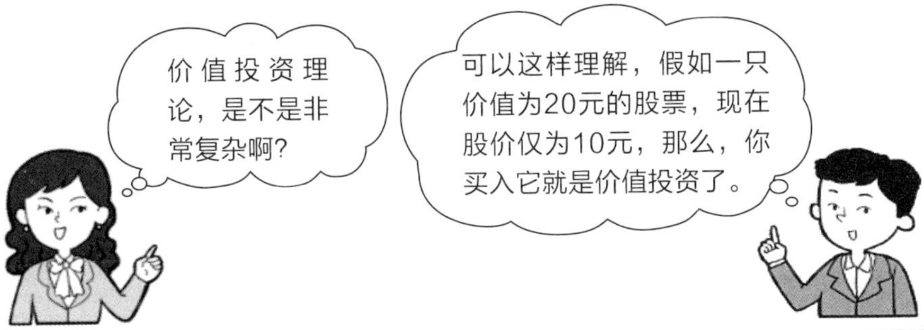

解读	价值投资理论可以用最通俗的话来理解，即用最少的代价获得最优质的资产。但是，这里就涉及资产价值衡量的问题了。上市公司的资产如何计量才是最准确的？用净资产去衡量？那么，那些重资产企业、钢铁、银行等企业无疑都是非常优质的投资标的。事实上，这肯定是不全面的。很多价值投资理论其实都在研究如何衡量企业的资产，如何选择优质企业。
四大基本原则	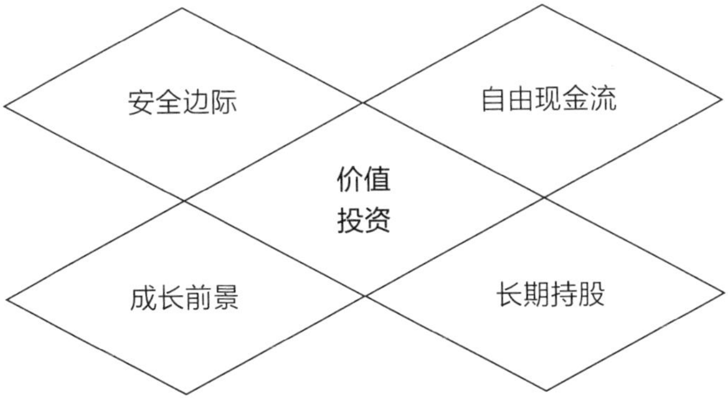

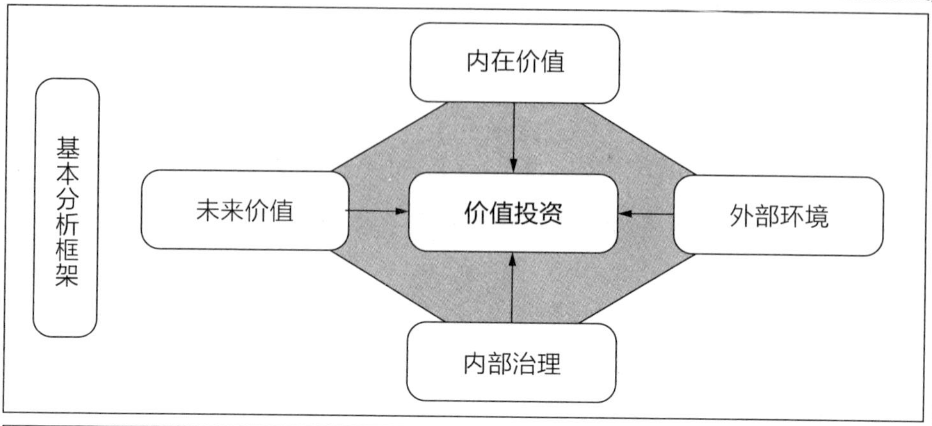

内在价值

只有确认了一只股票的内在价值，才能去寻找交易的安全边际，才能确认某只股票到底值不值得投资。在格雷厄姆创立价值投资时，就开始建立了一套分析股票内在价值的方法，包括对企业自身资产、分红或股息、盈利、资产结构等方面进行分析，以确认股票的内在价值。

时至今日，经过拉里·威廉姆斯（Larry Williams）、费雪（Philip A. Fisher）、巴菲特等人的发展，内在价值的计量方法有所改进，但最根本的思想基础没有改变，即准确地计量股票内在的真实价值。

未来价值

价值投资属于典型的长线投资活动，因而，企业未来的发展、未来的价值也是关注的领域。因此，那些濒临淘汰的夕阳产业很可能无法进入价值投资的范畴。针对未来价值的分析和研判主要围绕企业的核心竞争优势、持续不断地盈利能力、成长潜力等维度展开。

内部治理

- 卓越的管理层：公司治理结构、高层稳定性、诚实的管理层等
- 内控体系：内部控制规范性、违规情况等

外部环境

- 潜力行业：寻找最具发展潜力的行业，如消费、医疗、健康等
- 行业发展阶段：尽量寻找那些仍处于上升期的行业

四、费雪成长股理论

工具概述

成长股即具有高成长性的股票。菲利普·费雪长期关注成长股选择的研究，并提出了著名的成长股选择标准。这些标准已经成为股票投资者选择成长股时最主要的参照标准。

工具解读

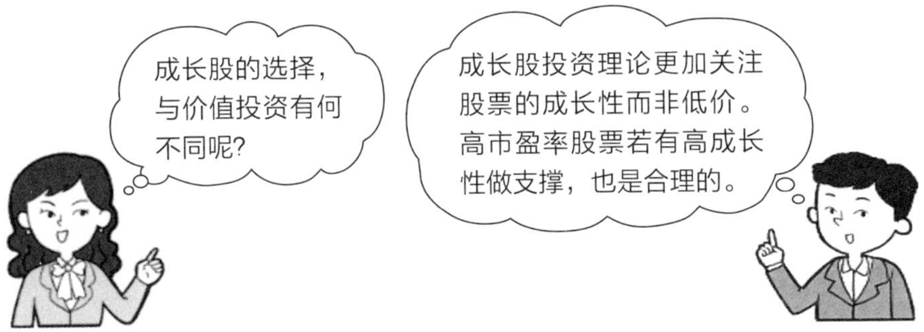

解读	费雪的投资风格与格雷厄姆有很大的不同。在费雪看来，一只股票的市盈率高必然有其背后的原因。从当前的股票价格来看，可能显得市盈率过高了，但其背后肯定有支撑高市盈率的原因，未来，若该企业的经营业绩持续走高，那么当前的高市盈率就不再高了。

寻找成长股

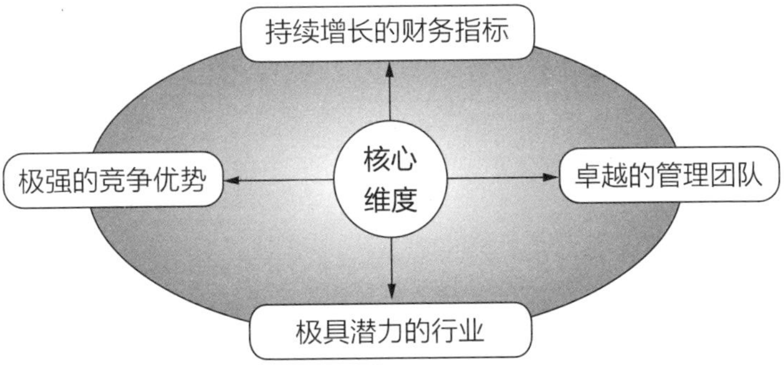

成长股选择十五项原则

第1项：是否有足够的潜能产品或服务支撑业绩增长？
第2项：是否有继续增加产能或销量的方法或产品？
第3项：考虑规模因素，企业在研发方面的投入是否有效？
第4项：企业是否拥有高水平的销售团队？
第5项：是否具备有价值的利润率？
第6项：企业为维持和增加利润率做了哪些努力？
第7项：企业是否具备出色的人事和劳务关系？
第8项：是否具备出色的行政关系？
第9项：企业的管理架构是否合理、有效？
第10项：企业内控系统是否运作良好？
第11项：提升核心竞争力方面，企业还有哪些具体措施？
第12项：企业是否有更好的短期或长期利润前景？
第13项：未来企业是否需要股权融资？由此带来的股东利润稀释需要多久才能抵消？
第14项：企业是否拥有坦率且愿意与投资者沟通的管理层？
第15项：企业的管理层是否足够诚实？

第三节 股票估值工具

工具概述

每个身处股市的投资者都想对股票的内在价值进行详细的了解，想要搞清楚一只股票到底值多少钱。然而这却是一个仁者见仁、智者见智的问题。围绕股票估值，很多投资研究专家都给出了自己的解答，并形成了各类不同的股票估值方法。

工具解读

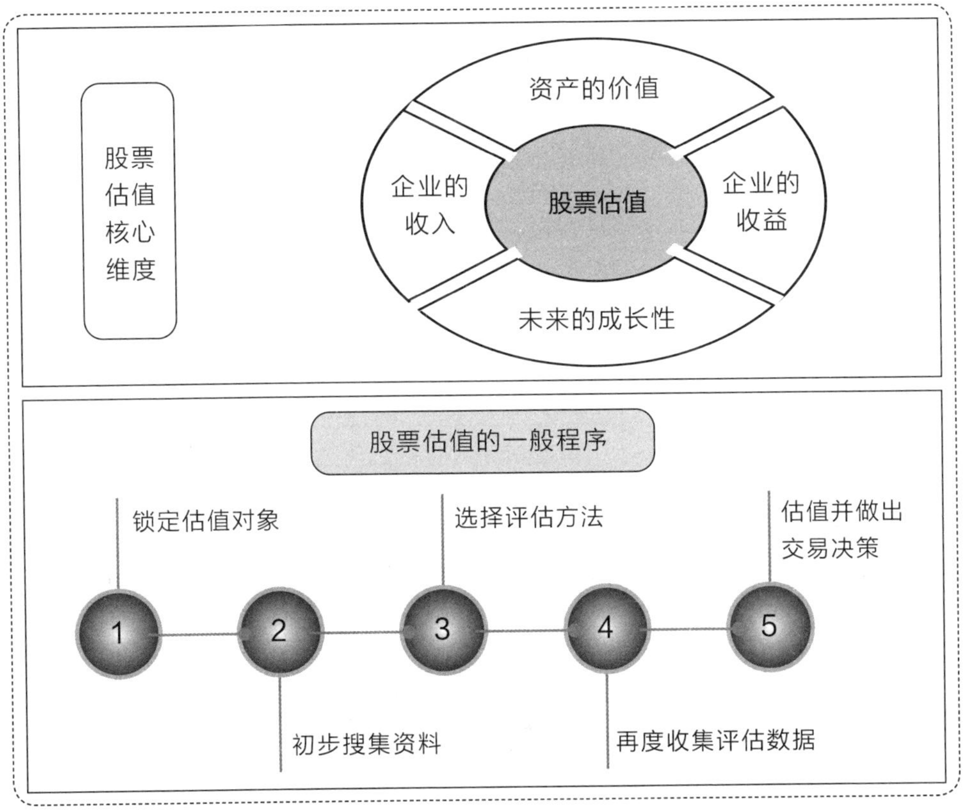

一、市盈率估值

工具概述

以每股盈利数值和每股市价为核心，估算当前股价相对盈利存在高估还是低估，其计算公式为：

市盈率 = 股价 / 每股收益

工具解读

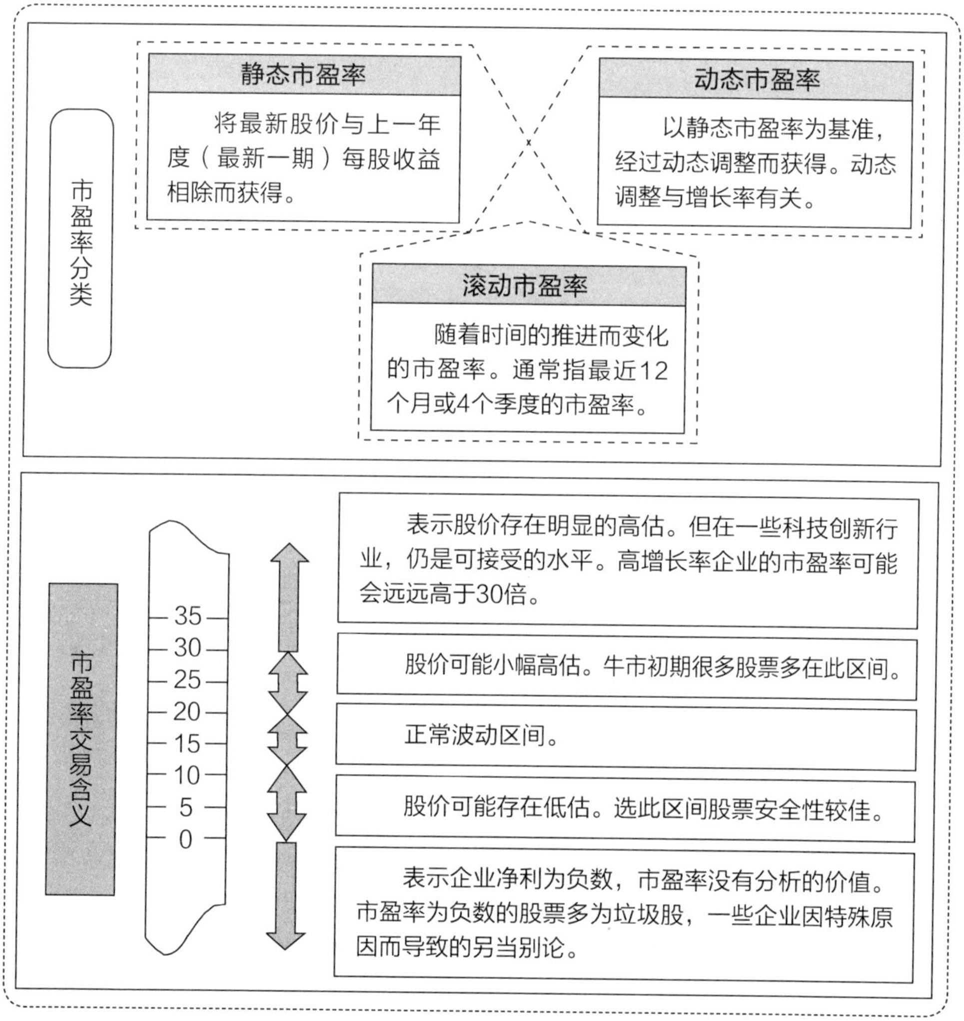

工具应用

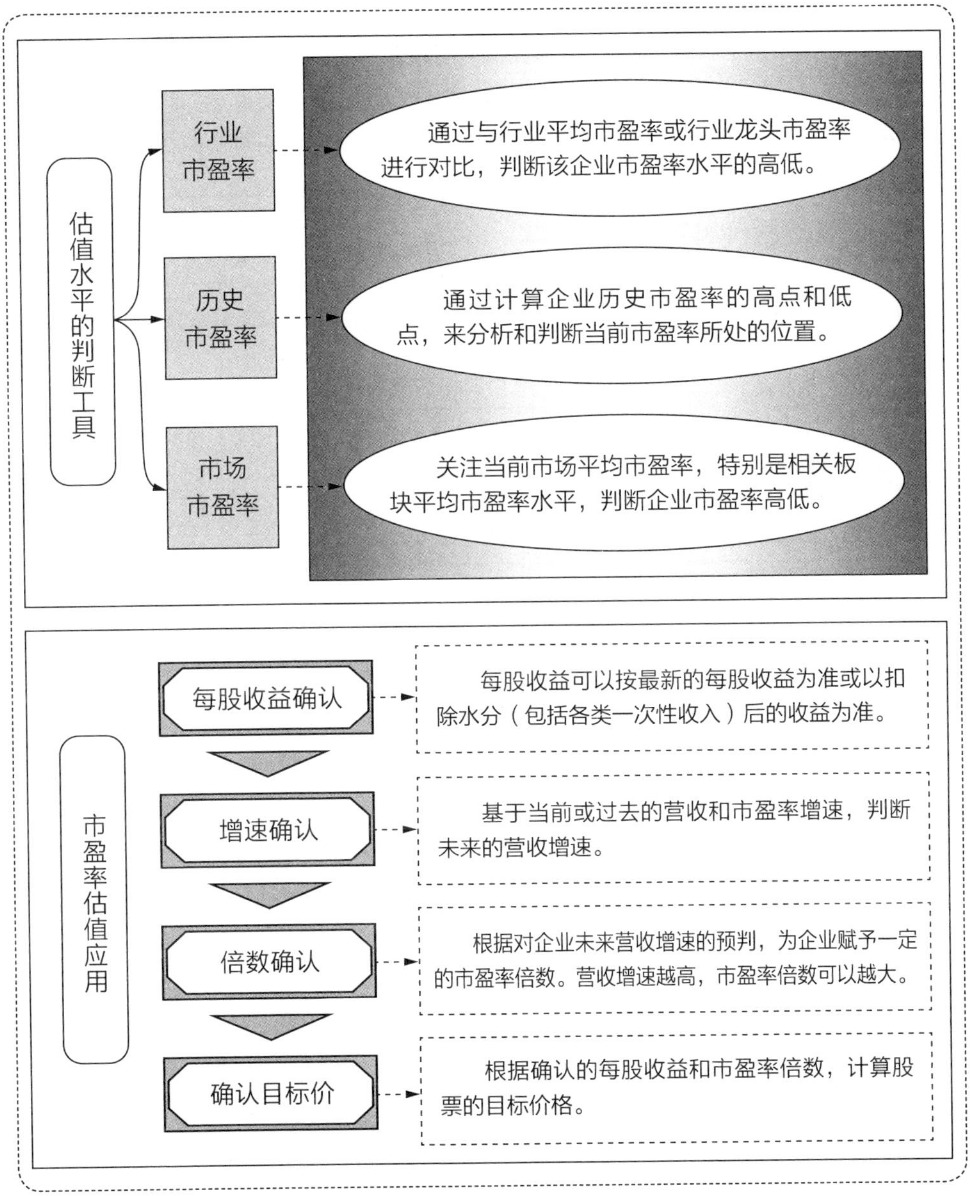
估值水平的判断工具
行业市盈率
通过与行业平均市盈率或行业龙头市盈率进行对比，判断该企业市盈率水平的高低。
历史市盈率
通过计算企业历史市盈率的高点和低点，来分析和判断当前市盈率所处的位置。
市场市盈率
关注当前市场平均市盈率，特别是相关板块平均市盈率水平，判断企业市盈率高低。
市盈率估值应用
每股收益确认
每股收益可以按最新的每股收益为准或以扣除水分（包括各类一次性收入）后的收益为准。
增速确认
基于当前或过去的营收和市盈率增速，判断未来的营收增速。
倍数确认
根据对企业未来营收增速的预判，为企业赋予一定的市盈率倍数。营收增速越高，市盈率倍数可以越大。
确认目标价
根据确认的每股收益和市盈率倍数，计算股票的目标价格。

实战案例

经典案例：五粮液

宜宾五粮液股份有限公司是以五粮液及其系列酒的生产、销售为主要产业，同时涉足多元产业的具有深厚企业文化的现代化企业集团。在整个白酒产业中处于金字塔塔尖位置。

1. 基本营收及财务数据

近年基本财务数据表

年份	2021	2020	2019	2018	2017
每股收益(元)	6.02	5.14	4.48	3.47	2.55
净利润增长率	17.15%	14.67%	30.02%	38.36%	42.58%
营业总收入（亿元）	622.09	573.21	501.18	400.3	301.87
每股净资产（元）	25.52	22.08	19.14	16.36	14.05
净资产收益率	25.3%	24.94%	25.26%	22.8%	19.38%

2. 基本财务分析

从五粮液的营收及财务数据中可以看出以下几点。

第一，在该企业的营收构成中，酒类占据绝对优势地位，超过了总营收的90%，若从利润角度来看，酒类产品更是贡献了将近100%的利润。

第二，从该企业的净利润及增速数据来看，最近几年，该公司的营收增速明显有放缓的态势，这也与疫情的影响和该企业较高的市场占有率有着密切的关系。

第三，从该股的净资产收益率水平来看，该股的净资产收益率一直维持在15%以上，近年来甚至维持在25%左右，这说明该股属于较佳的投资标的。

3. 市盈率估值

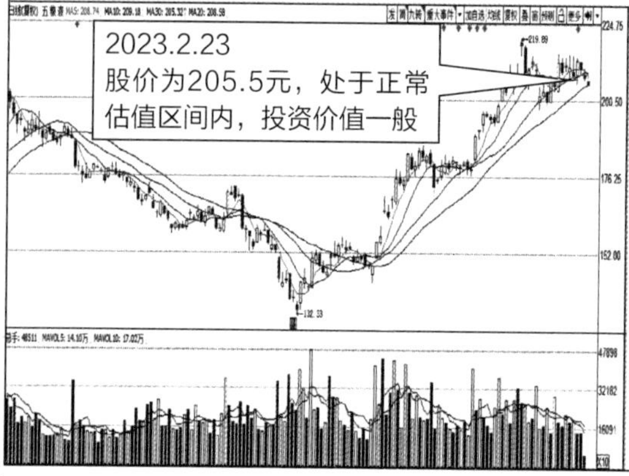

若以2021年年底的每股收益6.02元为基准，并以15%的净利润增长率计算，2022年的每股收益为6.92元；若以20%的净利润增长率计算，则2022年的每股收益为7.22元。

那么，对应的若以白酒行业30倍左右的市盈率计算，以该股2022年15%的净利润增长率为基础，则合理估值为：6.92元×30=207.6元。

若以2022年20%的净利润增长率为基础，则合理估值为：

7.22元×30=216.6元。

二、市净率估值

工具概述

以每股净资产数值和每股市价为核心，估算当前股价相对净资产存在高估还是低估，其计算公式为：

市净率 = 股价 / 每股净资产

工具解读

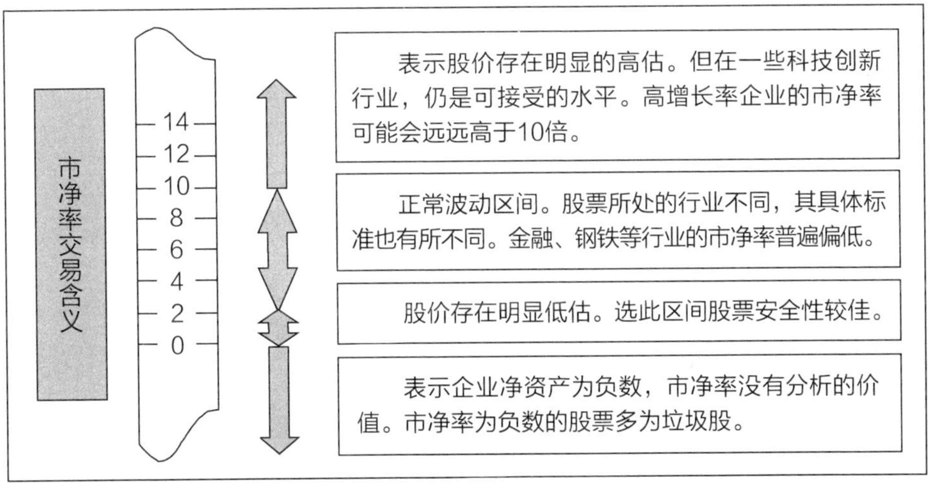

工具应用

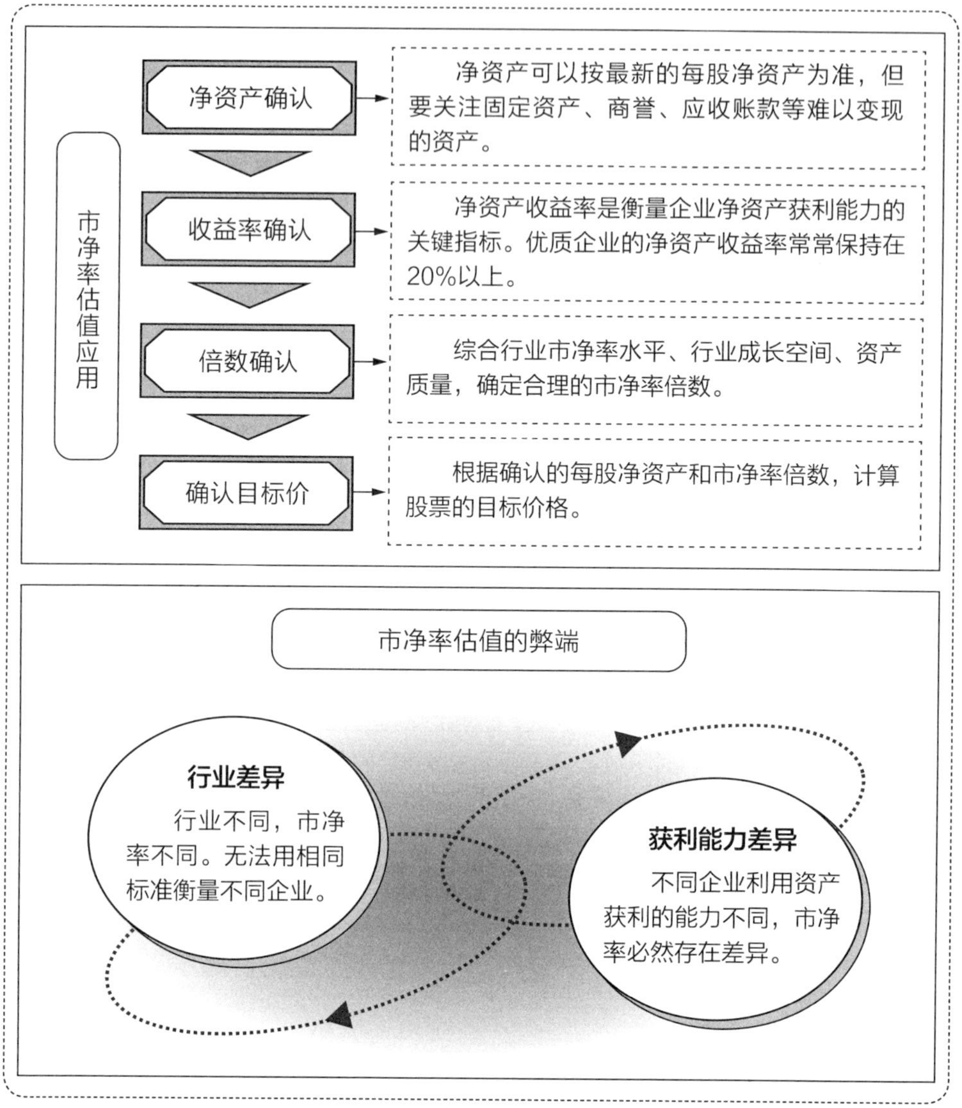
市净率估值应用
净资产确认
净资产可以按最新的每股净资产为准，但要关注固定资产、商誉、应收账款等难以变现的资产。
收益率确认
净资产收益率是衡量企业净资产获利能力的关键指标。优质企业的净资产收益率常常保持在20%以上。
倍数确认
综合行业市净率水平、行业成长空间、资产质量，确定合理的市净率倍数。
确认目标价
根据确认的每股净资产和市净率倍数，计算股票的目标价格。
市净率估值的弊端
行业差异
行业不同，市净率不同。无法用相同标准衡量不同企业。
获利能力差异
不同企业利用资产获利的能力不同，市净率必然存在差异。

实战案例

经典案例：新安股份

新安股份是我国最大的甘草膦生产企业，也是我国有机硅产品的两大龙头企业之一。

1. 基本营收及财务数据

近年基本财务数据表

时间	2021	2020	2019	2018	2017
每股收益(元)	3.25	0.75	0.59	1.8	0.77
净利润增长率	354.6%	26.67%	-62.62%	131.5%	586.9%
营业总收入（亿元）	189.77	125.3	120.07	110.01	72.76
每股净资产（元）	10.93	7.94	8.08	8.00	6.37
净资产收益率	34.36%	9.6%	6.67%	24.38%	11.85%

2. 基本财务分析

从新安股份的营收及财务数据可以看出以下几点。

第一，在该企业的营收构成中，农化产品（以甘草磷为主）、硅基材料（有机硅类产品）占据了较大比重，若从利润角度来看，农化产品与硅基材料共同构成了新安股份利润的两大主要来源。

第二，从该企业的净利润及增速数据来看，最近几年，该公司的营收增速出现了较大波动，这与农化产品价格不稳定有直接的关系。进入2021年后，该公司的收入与利润重新进入快车道。

第三，从该股的净资产收益率水平来看，该股的净资产收益率与利润水平同样出现了波动，但在2021年却达到了34.36%的新高。这是一个十分出彩的业绩。

第四，即使从平均收益水平来看，尽管受限于行业的价格波动，但新安股份仍可看成一只较为优质的股票。

3. 市净率估值

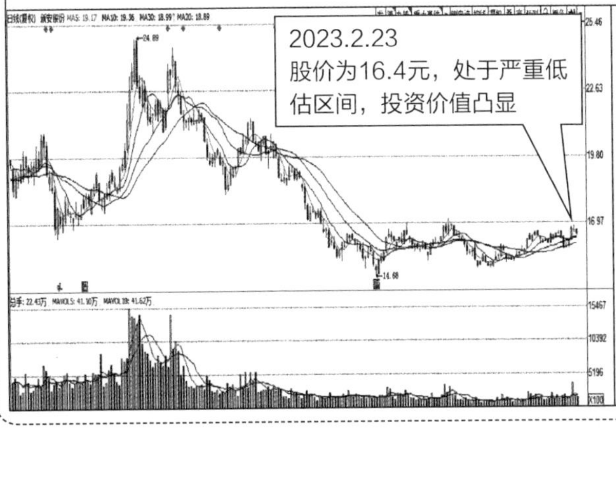

若以2021年年底的每股净资产10.93元为基准，并以最低的2倍市净率为依据，可以得出该股的预估股价为：10.93元×2=21.86元。

考虑化工行业的特殊性，3倍市净率都不算高。若以3倍市净率为依据，则可以得出该股的预估股价为：

10.93元×3=32.79元。

三、市销率估值

工具概述

市销率反映了投资者愿意为每 1 元营业收入支付的购买股票的成本。市销率指标对于评估一个处于成长初期的企业具有重要的价值。其计算公式为：

市销率 = 企业市值 / 企业上一年度营业收入

工具解读

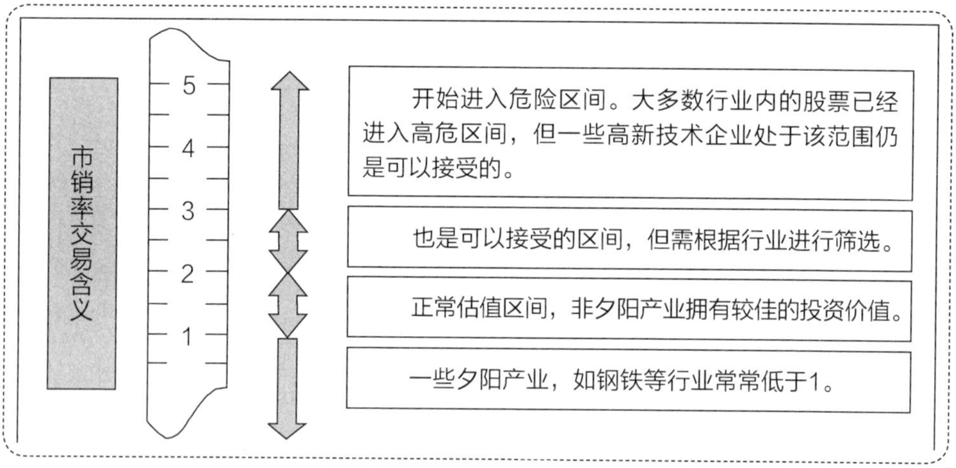

工具应用

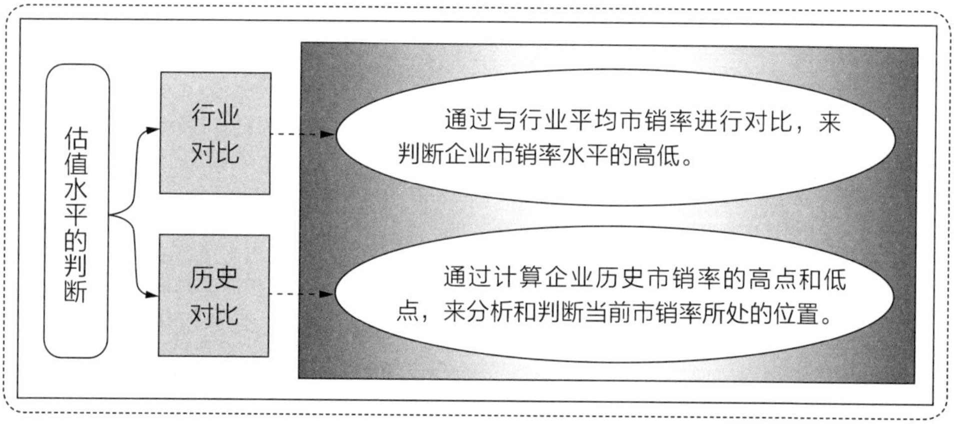

市销率估值应用

- **确认营收** → 以企业年报公布的主营业务收入为基准。
- **变量评估** → 评估企业的营收增长率、销售毛利率。这两个指标越高，就可以为企业赋予更高的市销率估值倍数。
- **倍数确认** → 综合行业市销率水平、行业成长空间、营收增速、毛利率，确定合理的市销率倍数。
- **确认目标价格** → 根据确认的企业主营业务收入和市销率倍数，计算股票的目标价格。

实战案例

经典案例：小米集团

小米集团是一家专注于智能硬件和电子产品研发的企业。同时，这也是一家专注于高端智能手机、互联网电视以及智能家居生态链建设的创新型科技企业。

1. 基本营收及财务数据

年份	2022	2021	2020
营业收入	2800亿	3283亿	2459亿
总市值	2729亿	4723亿	8362亿
营收增速	-14.7%	33.5%	19.48%
毛利率	1.55%	7.35%	8.24%

注：营业收入单位为人民币；市值单位为港币

2. 基本财务分析

从小米集团的营收及财务数据中可以看出以下几点。

第一，从历年营业收入可以发现，小米集团最近两年的营收出现了萎缩。

第二，从该企业的营收增速、毛利率数据来看，最近的营收增速并不理想。

第三，受整个经济环境、电子消费品市场不振的影响，未来很难再出现手机市场高速发展的情况，因此势必对企业的估值产生一定的影响。

3. 市销率估值

综合小米集团财务状况及市场环境，可以为其赋予1.5倍的市销率估值。其估值为：

总市值=2800亿元×1.5=4200亿元人民币

四、PEG估值法

工具概述

市盈率相对盈利增长率（PEG）估值法，是一种通过市盈率与盈利增长率的关系，为股票确定估值水平的估值方法。该指标最先由英国投资大师吉姆·斯莱特（Jim Slater）提出，后来由美国投资大师彼得·林奇（Peter Lynch）发扬光大。

其计算公式如下：

市盈率相对盈利增长率（PEG）= 市盈率 / 净利润增长率

工具解读

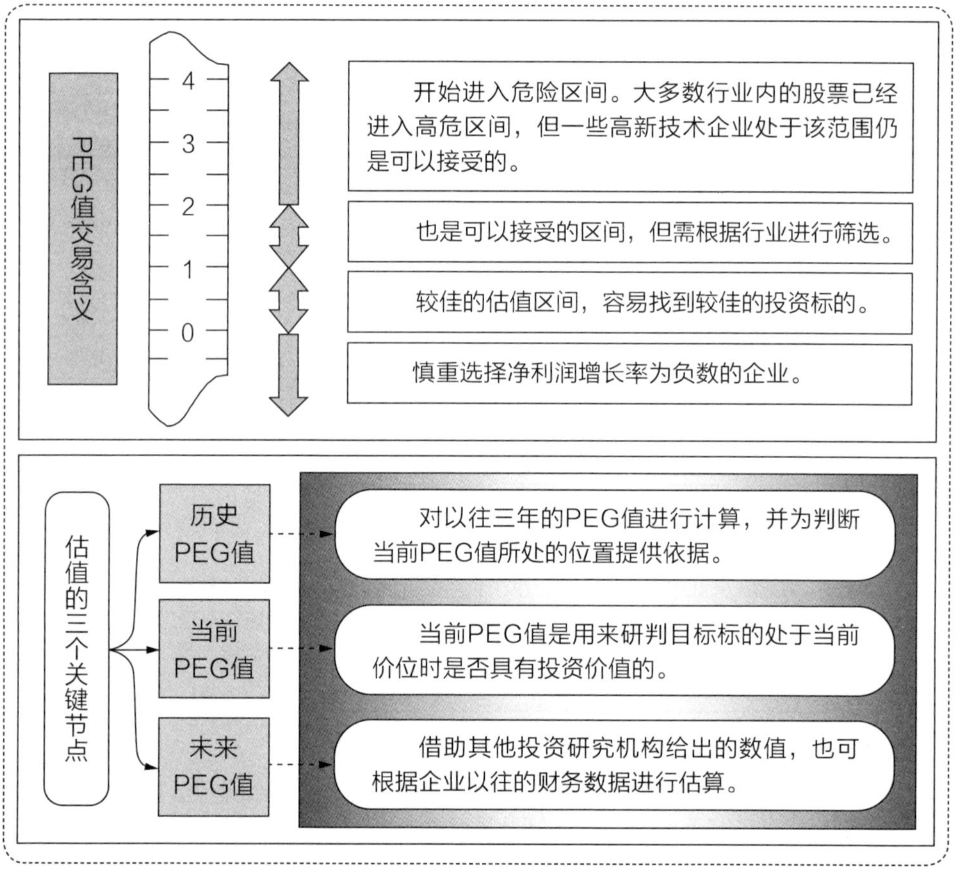

工具应用

PEG估值应用

- **确认市盈率**：确认评估股票的市盈率，尽量不要选择市盈率为负值和市盈率过高的股票。
- **净利增速**：不仅要看企业的净利润增长率，还要关注净利润增长的质量，以主营业务收入增长带动的净利增长最佳。
- **PEG值确认**：结合企业历史PEG值、行业平均PEG值以及行业标杆企业的PEG值，设定目标企业的PEG值。
- **确认目标价**：根据确认的PEG值预估企业的市盈率，并结合企业每股收益预测企业的目标股价。

实战案例

经典案例：中科曙光

中科曙光是一家典型的高科技企业，也是高产高性能计算机的龙头企业。连续多年处于高性能计算机产品国内市场占有率第一名的位置。

1. 基本营收及财务数据

时间	2022	2021	2020
每股收益（元）	1.06	0.81	0.62
净利润增长率	31.27%	43.05%	38.53%
营业总收入（亿元）	130.08	112.69	101.6
每股净资产	11.62	8.66	8.02
净资产收益率	10.21%	9.55%	12.48%

2. 财务情况分析

从中科曙光的营收及财务数据中可以看出以下几点。

第一，从历年营业收入可以发现，该公司最近两年的营收和净利润保持了稳定快速的增长。

第二，随着中美科技竞争的加剧，该公司的产品将会拥有更为广阔的舞台，该公司未来的发展仍旧十分看好。

第三，受行业特征的影响，该公司的净资产收益率可能仍不会太高，但毕竟该公司属于高科技行业中比较特殊的存在。该公司也值得更高的估值。

3. PEG估值

综合中科曙光过去三年的收益及市场环境，可以先确定其过去三年的PEG值最高点和最低点，其关键节点的PEG值如下。

从右图看出，该股PEG值的波动范围较小，从0.58到1.85不等，其中股价与市盈率均创新高的2023年6月中旬，PEG值达到了最高值，这说明此时股价可能存在明显的高估。

时间	2023.6.19	2022.12.30	2022.10.11	2021.12.31	2020.12.31
股价（元）	61.2	21.92	20.06	27.19	33.71
每股收益（元）	1.06（2022）	1.06	0.81（2021）	0.81	0.62
市盈率	57.74	20.68	24.77	33.57	54.37
盈利增长率（元）	31.27	31.27	43.05	43.05	38.53
PEG值	1.85	0.66	0.58	0.78	1.41

若该股未来的净利增速能够保持在30%以上（以30%为基准），那么，其下一年度的每股收益为：

未来每股收益=1.06元×（1+30%）≈1.38元

PEG值设定在1的水平（毕竟净资产收益率并不高），其市盈率与净资产收益率同步，则预期市盈率为30倍左右。预测的该股股价为：

预测股价=1.38元×30=41.4元

第七章
金融衍生品（期货、期权）投资工具

相对而言，期货与期权是比股票风险更高的投资品种，但因其具有以小博大的特征，使得一些“固收+”产品为了增厚收益，也会少量布局这一资产。

第一节　期货投资工具

工具概述

期货不是“货”，它是由交易所统一制定的、规定在未来某一特定时间和地点交割一定数量标的物的标准化合约。

工具解读

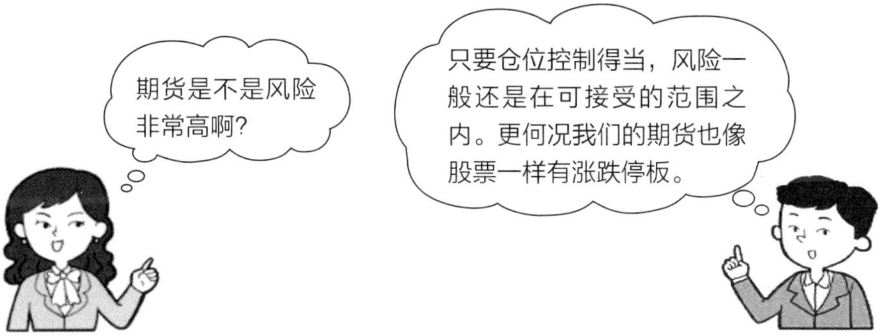

期货的典型特征：

- 期货的本质就是一种合约。
- 期货合约必须是一种标准化的合约，全部按照交易所要求填写。
- 期货交易是由交易所主导的，包括交割仓库都由交易所指定。

一、正确认识期货市场

工具概述

期货市场是按达成的协议交易并按预定日期交割的金融市场。对于普通投资者来说，期货市场就是期货合约交易的场所。

工具解读

五个维度认识期货市场

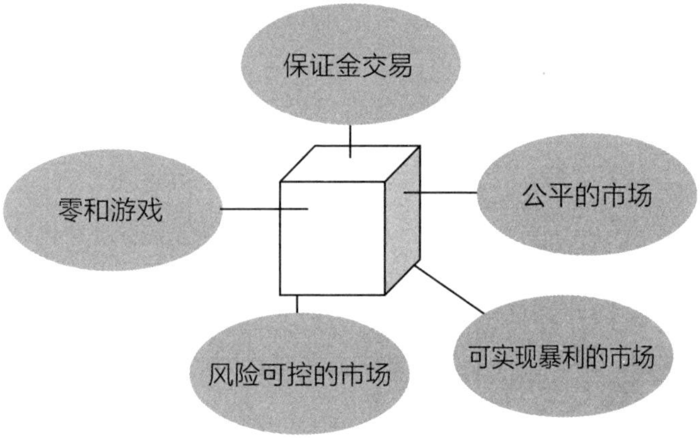

保证金交易

保证金交易是期货市场最显著的一个特色。所谓保证金，就是当你想要获得一批货物所有权时，并不需要付全款，只需要付一定比例的保证金就可以了。

以豆粕为例，豆粕期货1手是10吨。做现货的话，假设每吨3000元，买10吨的豆粕，一手10吨就是3万元。但在期货市场拥有这10吨的豆粕，并不需要付3万元，只需要付10%的保证金，也就是3000元，就拥有一手10吨豆粕的所有权。未来这批豆粕如果涨了，就可以赚10吨的钱。同样，如果亏了，也是亏损10吨的钱，相当于把资金放大了10倍。

零和游戏

期货交易是一种零和游戏，有时甚至是负和游戏。期货市场上，如果没有新的参与者进来的话，就没有新的资金进来，总的资金是固定不变的，每天都有成交量，就会产生手续费，那么总的资金是在减少的。所以说期货市场是一个负和游戏市场。

公平的市场

期货市场的制度是公平的。期货市场有着最为灵活的交易机制，既可以做多也可以做空，可以日内交易。如果你认为趋势判断错了，可以随时卖掉或者反手。不像股票市场，突发利空消息，无法当天卖出。

风险可控的市场

相比于股票市场，期货交易的波动更为剧烈，加之保证金交易，使得整个期货交易的风险看起来比较大。但这种风险又是完全可控的。

做好风险控制，首先要从总资金上做好风控，其次再对单笔交易做好止损。如果这两点都做到了，期货风险就是完全可以控制的。

可实现暴利的场所

期货市场的交易制度，保证金制度，日内交易，可以做多可以做空，涨跌都可以赚钱。这么灵活的交易制度就是暴利的土壤。当然，前提是把风险控制在可控的范围内。

二、价格波动与供需变化

工具概述

在期货基本面分析领域，供给与需求分析是最核心的内容。很多影响价格波动的因素，最终都可以归结到供给与需求变化的层面。

工具解读

供给与需求之间的关系，是所有商品以及商品期货价格波动的内在动力。通常来说，供给大于需求，价格就会处于下行通道；供给小于需求，价格就会处于上行通道。

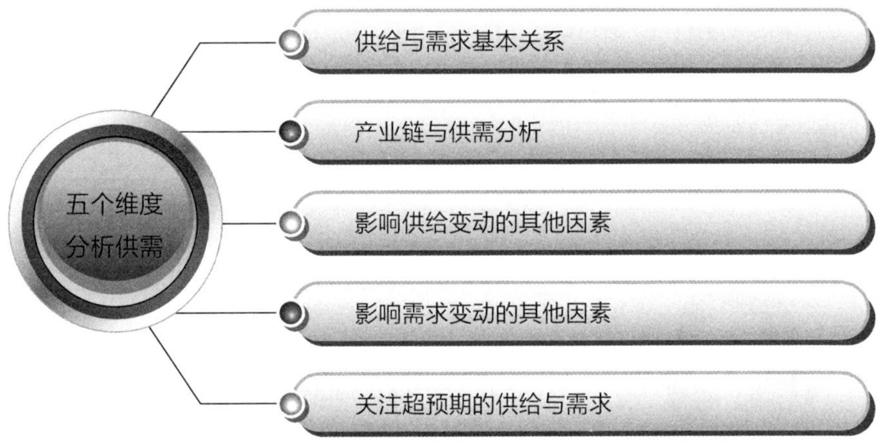

供给需求与价格的基本关系

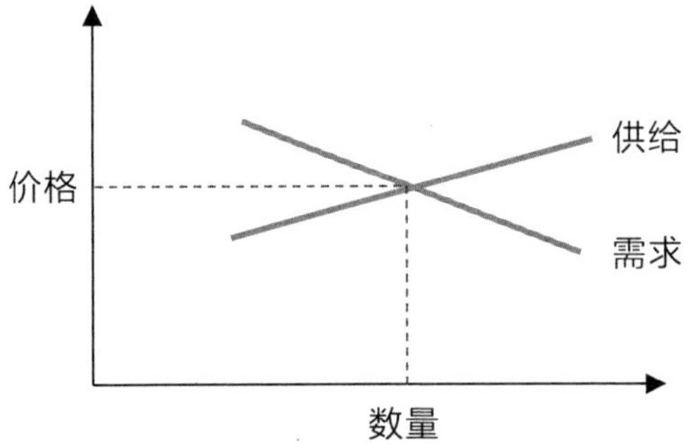

按照经典的经济学原理，价格最终肯定是由供给与需求共同决定的（即供给曲线与需求曲线的交点）。

当一种商品的价格因需求上升而推动价格上升后，生产商必然会从追逐利益的角度提升产能，从而使供给与需求相平衡。

产业链与供需分析

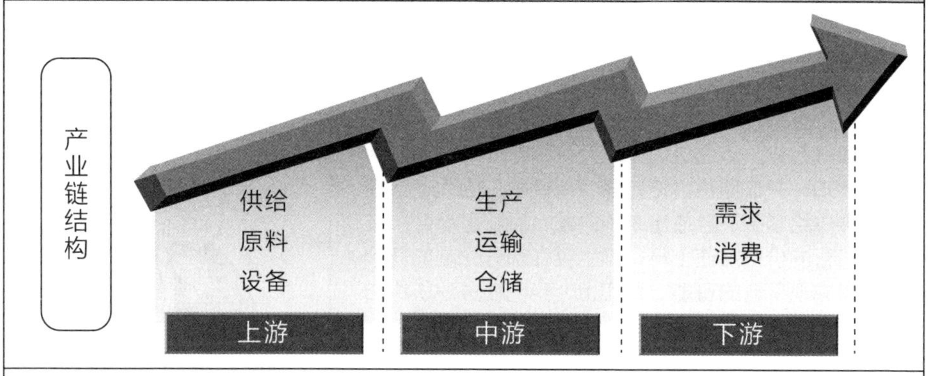

一般产业的产业链中涵盖了生产商、仓储与物流企业、贸易商以及消费方等。当然，在产业链中所处的位置（上游还是下游）其实都是相对的，在这一产业链中可能属于下游，在另一产业链中又可能属于上游了。

影响供给的其他因素

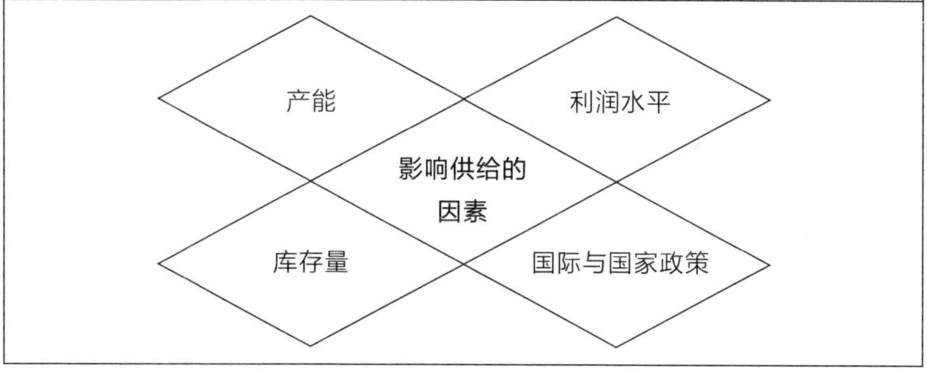

影响需求的其他因素

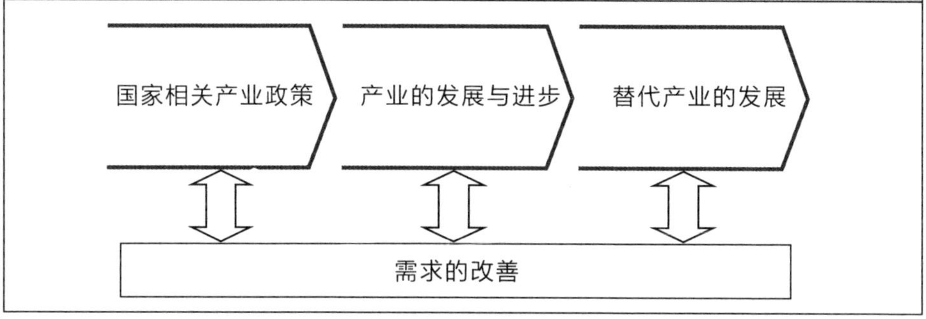

超预期的供给与需求

当市场上某种物资供给趋于紧张时，市场可能就会先一步通过需求以及供给方面的细节有所感知，并在期货价格方面有所反映。因而，当这种供给紧张消息放出来的时候，尽管可能会引发短暂的价格加速上行，但也存在部分先前的获利盘兑现平仓的可能。事实上，我们在关注供给与需求时，更应该关注超预期的情况。

三、期货品种的选择

工具概述

除了套期保值的投资者外，绝大多数投资者投入期货市场都是一种投机行为。投机标的的选择则是首先应该考虑的事项。

工具解读

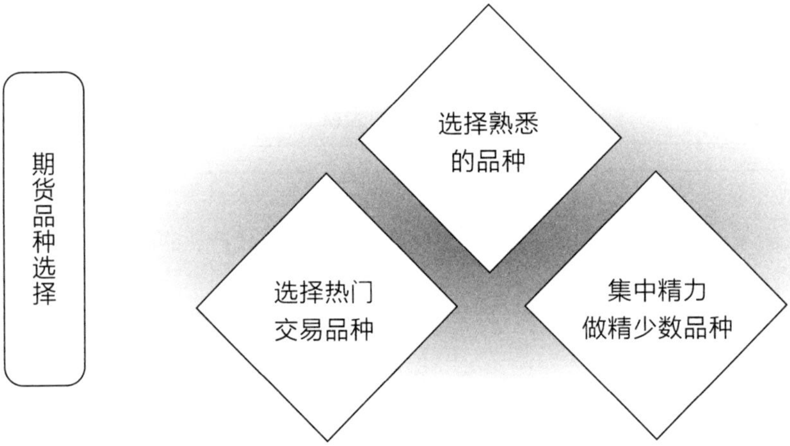

选择熟悉的品种

作为普通投资者，可能很难对期货品种有很深程度的了解，但还是要对期货品种的基本情况有所了解，并尽可能多地掌握投资标的的信息。以下几方面信息是不可或缺的，如期货品种的价格影响因素；主要供求关系包括主要供应商；期货品种的价格波动情况，有些品种波动比较剧烈，有些品种波动则比较小；期货品种的价格涨跌周期等。

选择热门交易的品种

基于投机目的而进行的交易，若选择交易清淡的品种，则很难及时平仓撤出或为了平仓不得不牺牲价格，因而，投资者在选择交易品种时，应该尽量选择那些交易量较高、成交非常活跃的品种。

集中精力做精少数品种

交易品种过多，很可能导致投资者没有那么多的精力对各个品种进行详尽的分析，最后可能会对交易品种相关信息与知识了解不够充分，导致交易失败。

将有限的精力放在少数自己熟悉的品种上，才是明智之举。

四、典型期货交易品种——国债期货

工具概述

目前，期货市场交易的品种较多，横跨了金融、能源、化工、农产品、金属资源等诸多领域，但“固收 +”产品能够参与的，多为风险相对较小的品种，因而，国债期货是最受欢迎的一个品种。

工具解读

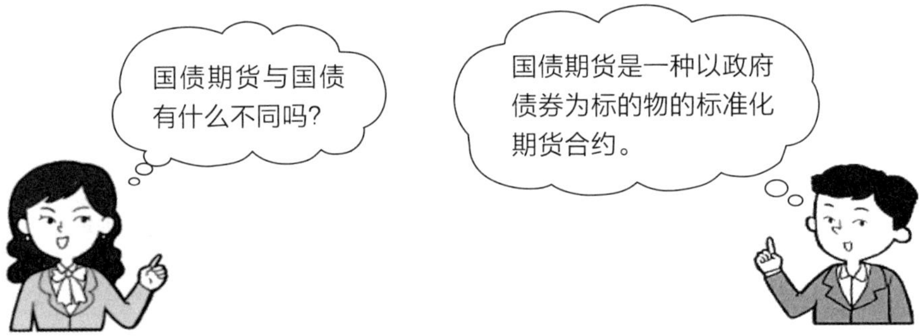

解读	国债期货交易双方按照交易所指定的交易规则，对未来特定时间内的国债合约进行报价，这点与其他商品期货没有差别。有所不同的是，国债期货价格的走势受市场利率的影响非常大。

典型品种	
二债合约	交易标的物为“面值为200万元，票面利率3%的名义中短期国债”，即两年期国债合约。
五债合约	交易标的物为“面值为100万元，票面利率3%的名义中期国债”，即五年期国债合约。
十债合约	交易标的物为“面值为100万元，票面利率3%的名义长期国债”，即十年期国债合约。

国债期货的特性

指数化的价格

国债期货交易的价格是一种指数化价格，并非真实的净值。国债期货的报价是以100减去年收益率而得出的。由于期货合约规定票面的利率为3%，因而，一般国债期货的上市初始价格都会在97左右，更多的会低于97。

国债套期保值的选择

市场利率总是处于变动之中，而国债的利率是不变的。当市场利率走高时，相当于国债收益下降；反之亦然。持有国债的投资者可以从套期保值的角度出发，在购买国债产品后，从期货市场上卖出相应数量的国债期货。

国债期货价格走势的影响因素

市场利率

当市场利率上升时，越来越多的投资者不愿意投资固定收益的国债产品，导致国债期货价格走低；反之亦然。

市场资金面情况

市场资金供给充裕，自然会有大量闲置资金购入国债产品，从而推升国债期货价格；反之亦然。

宏观经济形势

当国家宏观经济形势向好时，市场加息的可能性就高，而国债期货价格走低的概率就大；反之亦然。

第二节　期权投资工具

工具概述

期权是指一种合约，该合约赋予持有人在某一特定日期或该日之前的任何时间以固定价格购进或售出一种资产的权利。

工具解读

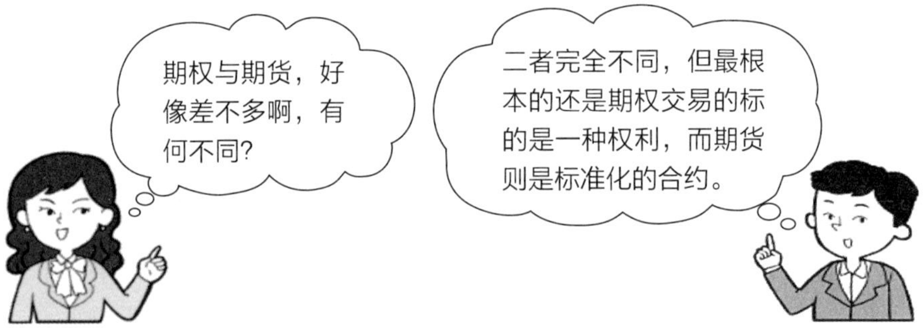

期权的定义要点

期权是一种权利

期权持有人享有执行或不执行的权利，而无须承担相应的义务。

期权的标的物

期权的标的物是指选择购买或出售的资产。期权是这些标的物“衍生”的，因此称为衍生金融工具。期权出售人不一定拥有标的资产。期权是可以“卖空”的。

到期日

双方约定的期权到期的那一天称为“到期日”，如果该期权只能在到期日执行，则称为欧式期权；如果该期权可以在到期日及之前的任何时间执行，则称为美式期权。

期权的执行

依据期权合约购进或售出标的资产的行为称为“执行”。在期权合约中约定的、期权持有人据以购进或售出标的资产的固定价格，称为“执行价格”。

一、期权：认购期权与认沽期权

工具概述

期权就是一种未来的权利，是用少量资金获得的在未来可以选择执行或不执行的权利。

工具解读

期权是代表未来权利的合约。期权为投资者提供了特有的风险转移、以小博大、增强收益、立体化交易、精准化投资的功能。投资者用少量资金获得这种权利后，可在价格有利于自己时，执行权利；也可在价格不利于自己时，放弃这种权利。

期权的类型

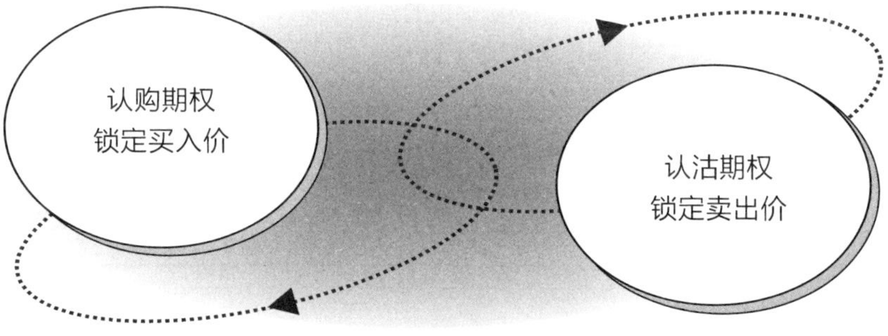

认购期权	认购期权实际上是给予了买方一种买入的权利，帮助买方锁定了买入价格。当标的物价格上涨时，期权持有者就可以获得价格上涨的这部分收益；反之，若价格没有按照预期的方向运行，即出现了下跌走势，且跌幅较大，期权持有者可以选择放弃执行期权，投资者损失的只是购买期权的这部分资金。这就将亏损幅度控制在了一个较小的范围内。

认沽期权	认沽期权实际上是给予了买方一种卖出的权利，帮助买方锁定了卖出价格。当标的物价格下跌时，期权持有者就可以获得价格下跌产生的收益；反之，若价格没有按照预期的方向运行，即出现了上涨走势，且涨幅较大，期权持有者可以选择放弃执行期权，投资者损失的只是购买期权的这部分资金。这就将亏损幅度控制在了一个较小的范围内。

期权的作用

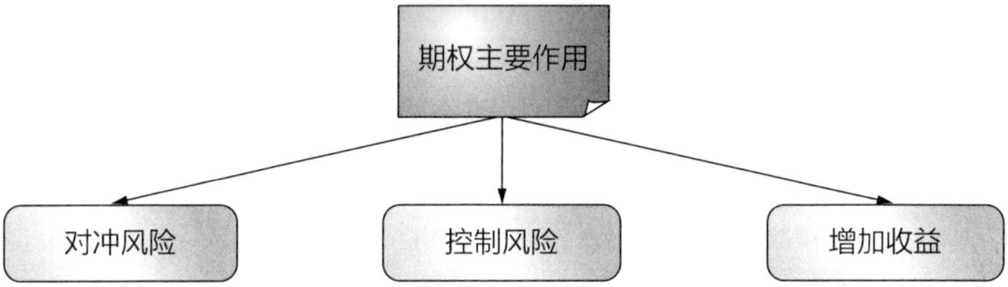

对冲风险	当投资者买入股票、指数基金或商品期货后，担心价格下跌给自己带来风险时，就可以借助期权交易来对冲风险。
控制风险	期权风险收益的非线性特征，理论上保证了买入期权收益无限大而风险却相对有限，虽然做期权的买方胜率较低，但每次损失仅限于期权手续费，这也是毋庸置疑的事实。
增加收益	通过期权投资在控制风险的同时，能够实现更高的收益。特别是期权方向判断正确时，收益其实是上不封顶的，这就为增加投资收益提供了更多的可能。

二、期权价格及影响因素

工具概述

期权价格的波动受多种因素的影响。同时，因行权价格与标的价格之间的关系不同而分成三种不同的类型。

工具解读

实值、平值与虚值

按照标的价格与行权价格之间的关系，可将期权分为三类，即实值（价内）、平值（平价）和虚值（价外）期权。用通俗的话说，行权后有利可图的期权就是实值期权；行权后盈亏平衡的为平值期权；行权后亏损的为虚值期权。

案例分析

期权实值与虚值分析

假如某股票期权的行权价格为100元，这是不变的，而股票价格会随着市场的波动而波动。

投资者甲开仓了认购期权。若股价上涨至110元，则此时期权为实值期权；若股价正好为100元，则此时期权为平值期权；若股价为90元，则此时期权为虚值期权。

投资者乙开仓了认沽期权。若股价上涨至110元，则此时期权为虚值期权；若股价正好为100元，则此时期权为平值期权；若股价为90元，则此时期权为实值期权。

期权价格影响因素

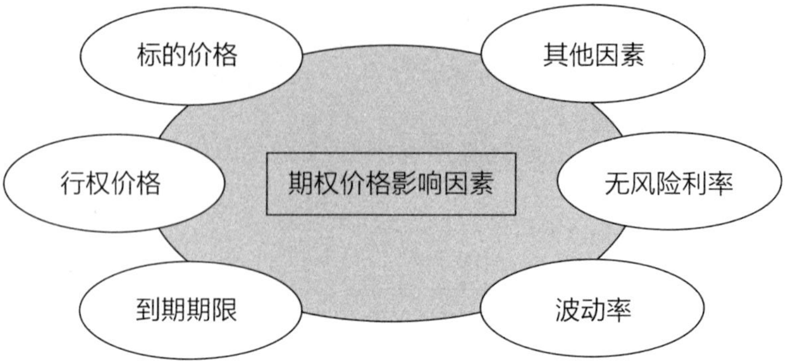

标的价格	通常来说，看涨期权的价值随着标的资产市场价格的上升而上升；看跌期权的价值随着标的资产市场价格的上升而下降。
行权价格	通常来说，看涨期权的执行价格越高，期权的价值越小；看跌期权的执行价格越高，期权的价值越大。
到期期限	通常来说，在其他条件不变的情况下，期权到期期限越短，期权的价值越低。
波动率	标的资产的波动幅度越大，期权投资者盈利的可能性越大，因而，期权的价值也就越大。
无风险利率	当市场无风险利率上升时，未来行权价的现值就会降低，这就意味着认购期权的买方需要准备的行权现金减少了，这份权利就更值钱了。因此，无风险利率与认购期权呈正相关关系，即利率上升，认购期权价格上扬；而认沽期权则会与之呈反向的下降关系。
其他因素	不同的期权品种还可能会有一些比较有各自特点的影响期权价格的因素。比如，购买股票期权的投资者可能会因股票派发股息而导致股价下跌，这就会造成认购期权价格的变低。

三、期权交易的风险

工具概述

期权交易尽管可能会为投资者带来较大的收益，但也会让投资者面临较大的风险。

工具解读

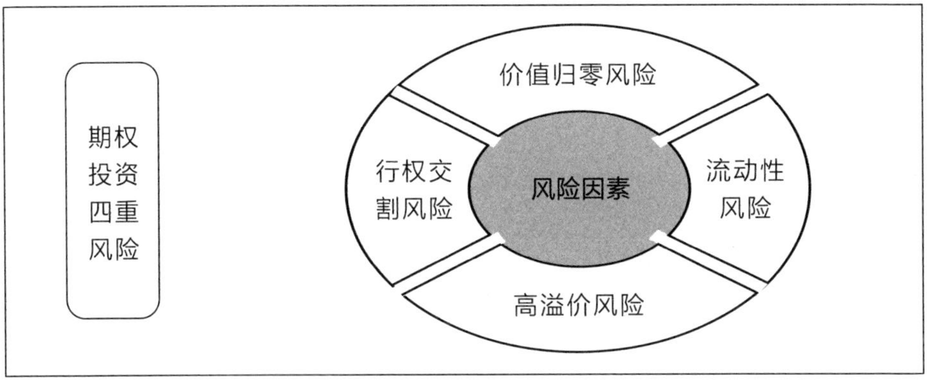

价值归零风险	由于期权交易属于权利金交易的范畴，也同样具有高杠杆的特性。因而，随着市场波动，权利金也会呈现大幅波动的特征，其中就有很大程度出现权利金归零的情况。当然，为了防止这类情况出现，投资者最好设置一定的止损位。
流动性风险	事实上，期权交易并不是账面盈利，不是一定能够兑现的。期权交易是需要对手盘的，因此，若流动性不佳，找不到对手盘，也可能让到手的利润白白流失。
高溢价风险	有一些高溢价的虚值期权可能在临近到期日时被爆炒，导致这些期权出现高溢价情况，投资者最好能够远离这类期权。
行权交割风险	通常来说，期权大都有固定的行权日，投资者需要及时行权，错过就可能造成一定的损失。同时，行权后，有些标的物兑换成现金还需要额外的时间，这都可能造成一定的风险。

有两点需要特别注意！

第一，尽量不要买距离行权日期较近的期权。
第二，慎买深度虚值的期权。

四、典型期权交易品种——股票期权

工具概述

股票期权是一种金融衍生品，是指在约定的时间内，以特定价格购买或出售一定数量股票的权利，但不强制执行这种权利。

工具解读

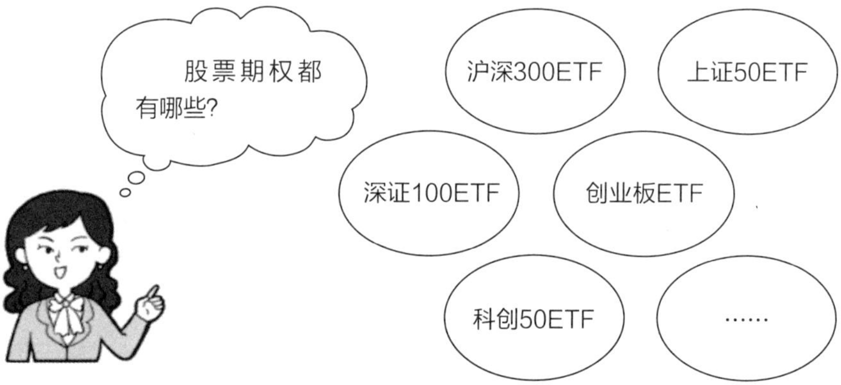

股票期权经典品种

上证50ETF	上证50ETF期权是2015年2月9日经证监会批准，在国内最早上市的场内金融期权品种，其对应的标的物是上证50ETF交易型指数基金为标的衍生的标准化合约。上证50ETF基金是大盘股集合，代表了大盘股市值前50的股票，行业集中度相对其他品种来说更高一些。
沪深300ETF	2019年12月23日正式上市交易，是以沪深300ETF为标的资产的期权合约。代码510300为上交所挂牌上市，其标的物为华泰柏瑞沪深300ETF。代码159919为深交所挂牌上市，其标的物为嘉实沪深300ETF。
创业板ETF	创业板ETF是跟踪创业板综合指数的指数基金。经中国证监会批准，深交所于2023年9月19日上市交易创业板ETF期权（标的物为易方达创业板ETF，代码159915）。
科创50ETF	中国首只基于科创50指数的场内期权品种，于2023年6月5日正式上市交易。
沪深300股指期权	沪深300股指期权是完完全全的股指期权，由于股指的价格要更高，沪深300指数的标的物价格要比前两者高得多，因此权利金的价格也会高很多。沪深300股指期权是在中金所上市交易的。

ETF期权与股指期权的区别

标的物不同	ETF期权标的为股票指数ETF；股指期权标的为股票指数。ETF追踪指数，但还会受人为因素和市场因素影响，单纯的股指则不会。
交割方式不同	ETF期权为实物交割，期权到期之后行权得到的是对应的ETF份额；股指期权为现金交割，期权到期之后行权的是现金交收。
期权应用方式不同	ETF期权进行对冲及套利操作是与ETF直接相关的。股指期权可直接与对应的指数进行对冲及套利操作。

案例分析

股票期权对冲股市下跌风险

小李是一个有着十多年投资经验的股民，持仓了较多的沪深300ETF指数基金。尽管A股市场经历了多轮振荡，但其总是保持了较高的盈利水平。其操作的秘诀就在于能够适时地通过股票期权来对冲股市下行的风险。

比如，2023年8月11日早盘阶段，整个A股市场出现了单边下行走势。预感当天市场可能会走弱的小李，及时采取了开仓沪深300ETF2023年8月认沽期权来对冲风险的策略。其结果就是，尽管当日手中的现货沪深300ETF基金出现了较大幅度的亏损，但在沪深300ETF期权上收获了不小的回报，两相抵扣，当日只是出现了小幅的亏损。

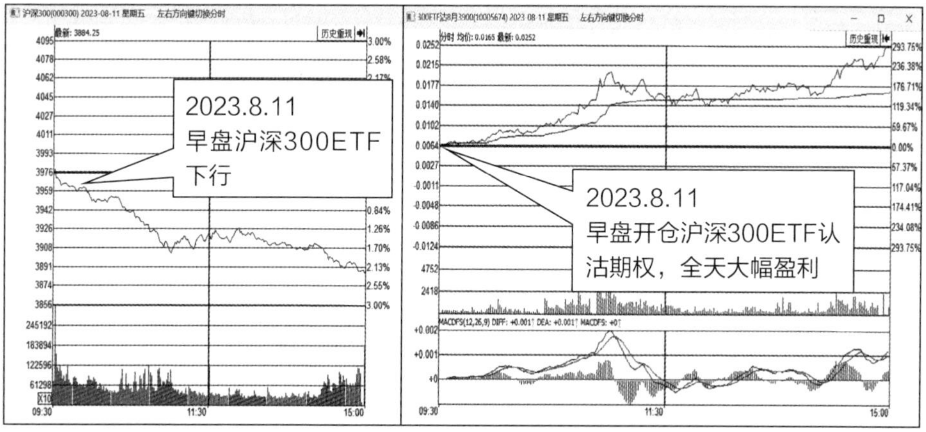

第八章
“固收+”组合产品工具

第一节 “固收+”产品策略工具

工具概述

“固收+”产品就是将占投资主体多数的资产投放到固定资产方面，再拿出少部分资产投放到中高风险领域，以求获得较高收益的一种投资策略。

工具解读

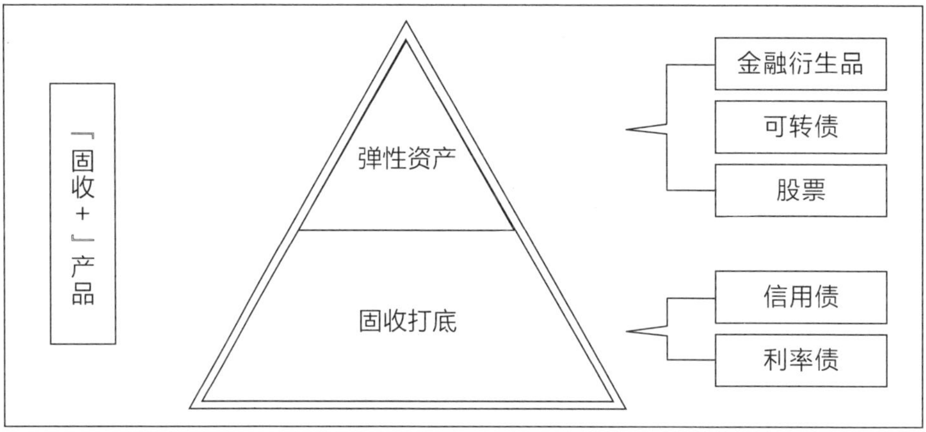

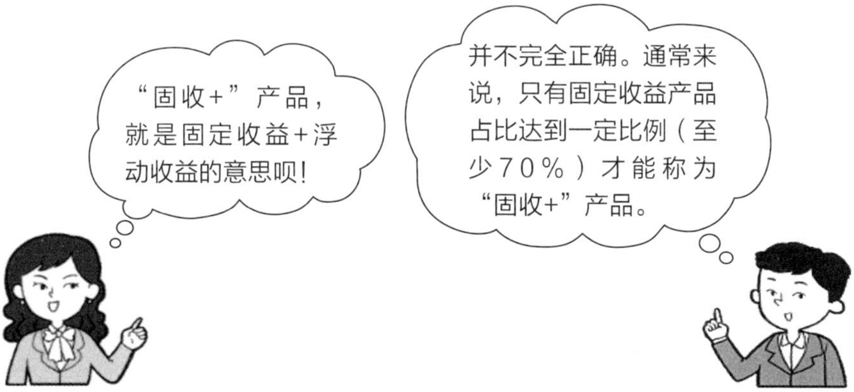

一、“固收+”产品规划策略

工具概述

“固收 +”产品从投资布局上来看，就是通过固收资产与弹性高风险产品的合理搭配，在获得一定固定收益的基础上，追求更高的收益。同时，因投资者能够接受的风险不同，“固收 +”产品的投资策略也有所不同。

工具解读

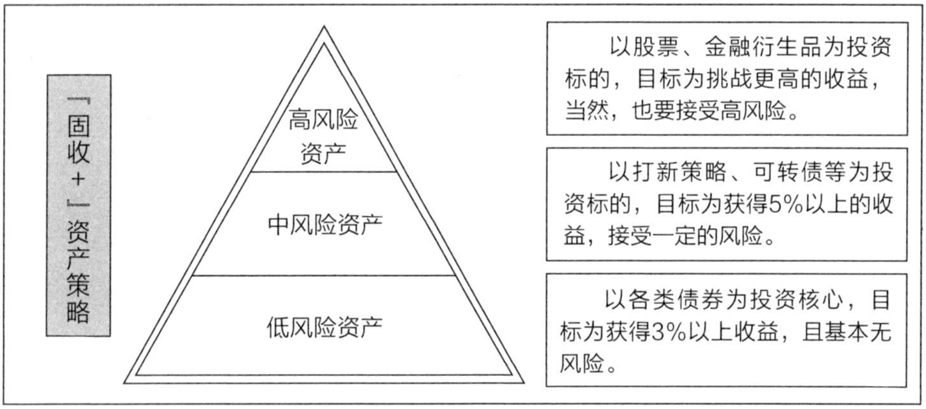

“固收+”产品并非简单的固定收益产品与高收益高风险产品的组合，而是从整体上布局的一种多资产投资组合。固定收益产品与高收益产品之间并非割裂的，而是一个整体。也就是说，投资者在布局时，是需要从整体上进行规划设计的。

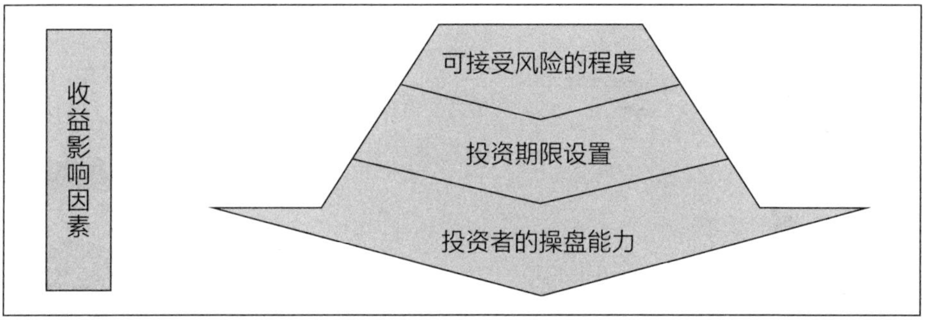

可接受风险程度	投资者能够接受的风险程度，是影响整个投资组合收益的关键因素。基于“固收+”产品设计原理，整个资产的大部分被投放在固定收益产品方面，而这个比例也与投资者所能承受的风险正相关。投资者能够承受的风险越高，投放在固定收益产品方面的资产比例就会越低，投资者就越能够拿出更多的资产挑战高收益。
投资期限设置	整个投资期限的安排，也是能够影响投资组合收益的重要因素。投资者设置的投资期限越长，固定收益能够获得的收益也就越高，也就意味着能够拿出来挑战高收益高风险产品的资产比例越大，这也是整个投资组合能够获得高收益的关键。
投资者的操盘能力	这是影响整个投资组合收益的另一个重要因素。在固收部分，投资者操盘能力的发挥空间十分有限，也就是平衡债券的信用等级与债券票面利率方面需要重点考虑外，其收益的区分度并不明显。但在高风险高收益资产方面，不同的操盘能力会发挥不同的效果。有的投资组合的收益会非常好，有的可能就不甚理想。

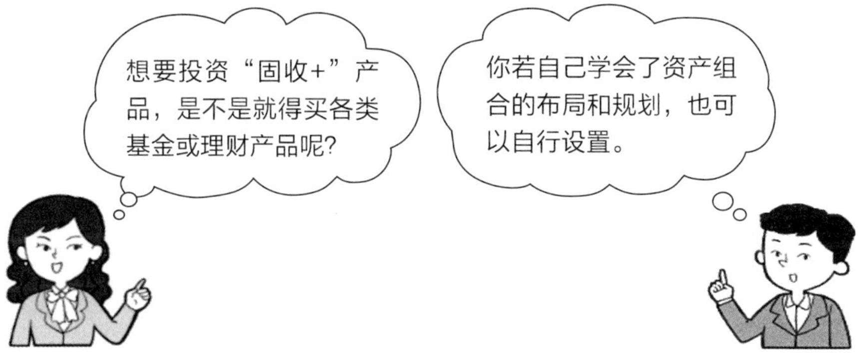

二、“固收+资产”配置方向

工具概述

从“固收 +”产品的配置方向上来看，除了固定收益产品外，很多高收益品种都可能成为其配置的目标。但在执行层面，不同的产品可能会选择不同的配置方向。有的“固收 +”产品可能会选择单一的方向，有的则选择多种资产的组合。

工具解读

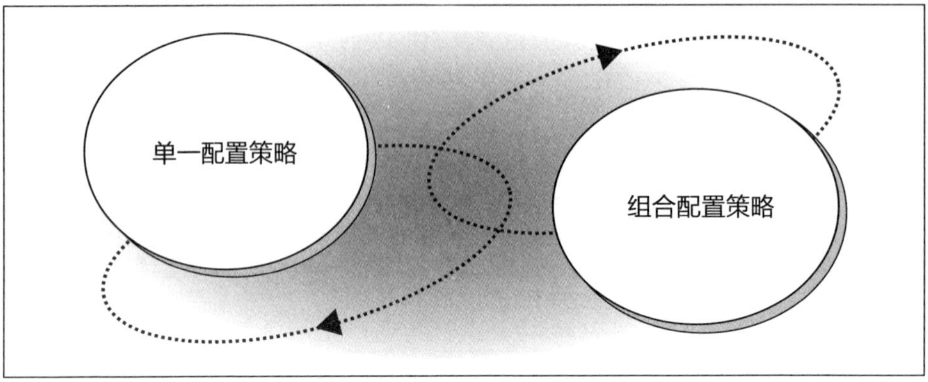

目前，“固收+”产品配置方向主要就是两大类型：单一配置方向，即固收产品与单一的高风险高收益产品组合，如“固收+转债”；其二为组合配置策略，这类产品目前是“固收+”产品中的主流选择。

产品解读

“固收+转债”产品解读

“固收+转债”产品是一种相对特殊的“固收+”产品。通常来说，这类产品的投资方向为债券类产品。毕竟可转债也是一种债券，而且是一种相对特殊的债券。其“+”资产所承受的风险也相对较低，属于较为理想的稳定收益类产品。

“固收+转债”产品示例——中加聚盈四个月定开债

该基金投资于具有良好流动性的金融工具，包括国内依法发行和上市交易的国债、金融债、企业债、公司债、地方政府债、次级债、可转换债券（含可分离交易可转债）、可交换债券、中小企业私募债券、央行票据、中期票据、同业存单、短期融资券、超短期融资券、资产支持证券、债券回购、银行存款（协议存款、通知存款、定期存款及其他银行存款）、国债期货等以及法律法规或中国证监会允许基金投资的其他金融工具（但须符合中国证监会相关规定）。该基金不直接买入股票或权证，但可持有因可转换债券转股所形成的股票或可分离交易可转债分离交易的权证等资产。

左侧说明文字为中加聚盈四个月定开债的投资范围。从其投资范围可以看出，该基金主要投资方向为债券，而且其中包括了可转债产品，但不包括股票、权证以及金融衍生品。

同时，该基金投资于纯债券的资产不低于80%。从该基金历史持仓来看，可转债资产最高占比达到过14%。这说明该基金仍属于稳健型投资产品。

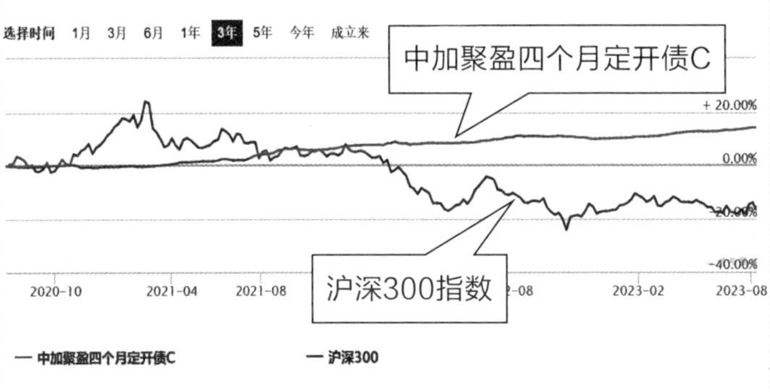

左侧为中加聚盈与沪深300指数的走势对比情况。从中可以看出，中加聚盈的收益一直比较稳定，且要优于同期的沪深300指数。

固收+多资产组合解读

“固收+多资产”产品是目前比较流行的“固收+”产品形式。同时，该类资产配置方式对投资操盘手的要求非常高。该类产品所面临风险的大小与“+”资产所占的比重密切相关。

“固收+多资产”产品示例——蜂巢恒利债券A

该基金投资于依法发行上市的股票、债券等金融工具及法律法规或中国证监会允许基金投资的其他金融工具。具体包括股票（包含中小板、创业板及其他经中国证监会核准上市的股票）、债券[国债、地方政府债、金融债、企业债、公司债、证券公司短期公司债、次级债、可转换债券（含分离交易可转债）、可交换公司债券、央行票据、短期融资券、超短期融资券、中期票据等]、国债期货、资产支持证券、债券回购、同业存单、银行存款等。

左侧说明文字为蜂巢恒利债券A的投资范围。从其投资范围可以看出，该基金主要投资方向涵盖了债券、股票、可转债等领域。其中，债券资产的比重达到90%，股票资产的比重在10%左右。这就属于典型的“固收+”产品的配置形态。

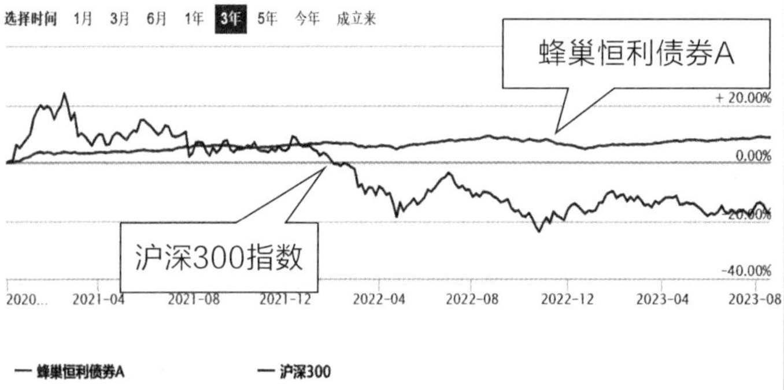

左侧为蜂巢恒利债券A与沪深300指数的走势对比情况。从中可以看出，蜂巢恒利债券A收益一直比较稳定，且要优于同期的沪深300指数。当然，该基金的走势还是要弱于前面的中加聚盈，原因在于A股太弱了。

三、“固收+资产”配置比例

工具概述

“固收 +”产品中固收资产所占的比例，是投资者挑选该类产品时应该首先考虑的因素。固收资产所占比例越高，说明该产品收益稳定性越高，风险越小；反之，则说明风险较大，收益波动较大。

工具解读

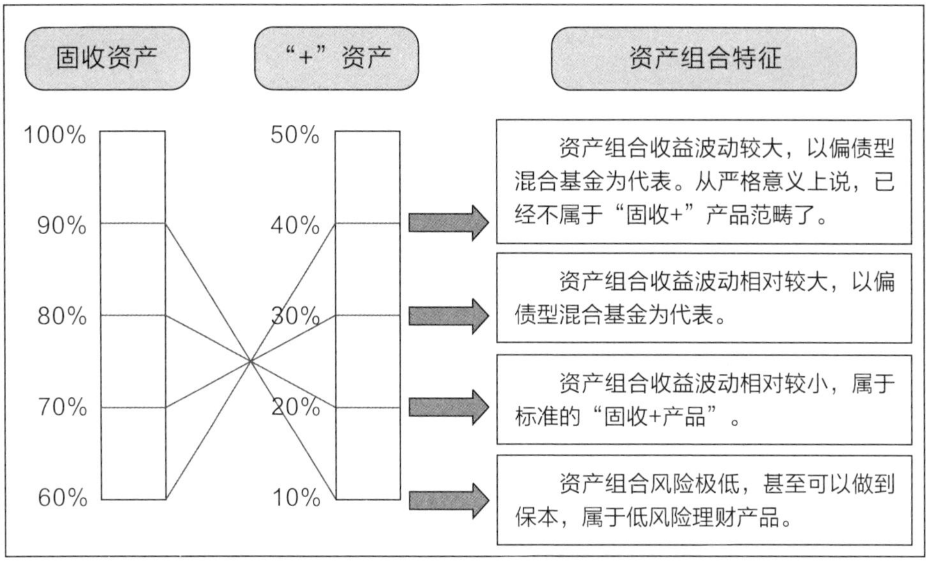

按照最新的“固收+”产品规范要求，权益类资产（含股票、权证、转债产品）占比超过30%的，就不再属于“固收+”产品的范畴了。因此，投资者在选择“固收+”产品时，需要先了解其权益类资产的投资占比。

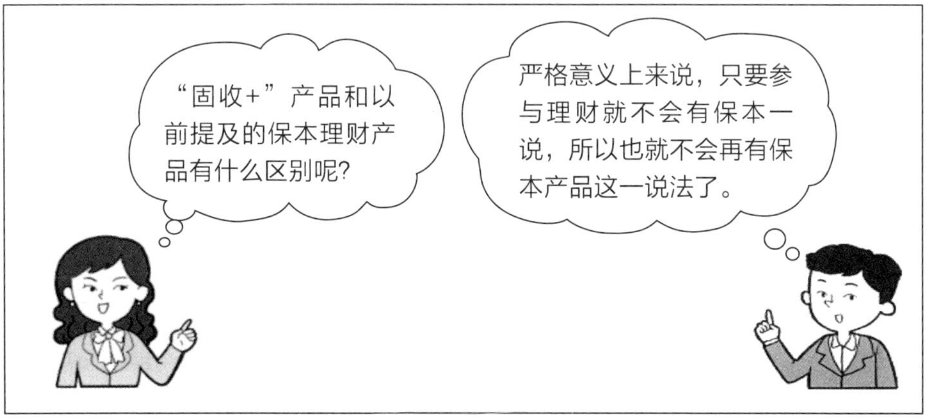

第二节 “固收+”产品配置工具

工具概述

投资者承受风险的能力不同，在配置或选择“固收 +”产品时，所采取的策略或设计的配置方案也会不同。

工具解读

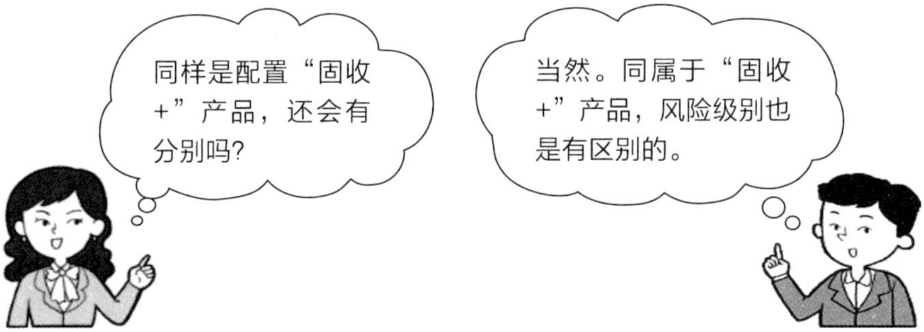

趋零风险方案

该类“固收+”产品方案的设计核心思想在于将投资风险控制在较低水平，甚至是零风险。当然，只要参与投资就不存在零风险的项目，只是在这类投资方案中，固收资产占比较大（通常超过90%），使得整个投资风险变得很小了。

低风险方案

相比于其他投资方案，“固收+”产品就是低风险的代名词。将整个投资组合中80%的资产投放于固定收益领域，再用剩余的20%挑战高收益。通常来说，通过整体资产运作，投资者可能出现的亏损相对较少。

中风险方案

在“固收+”领域，这是一种相对富于进取精神的投资配置方案。将整个组合资产的30%投放到中高风险的投资领域，将会让整个投资组合收益更多地受中高风险资产的影响，而非固定收益产品。

一、"固收+"产品低风险配置方案

工具概述

"固收 +"产品在设计规划时，通过将固定收益部分资产加大配置力度，只拿出很少一部分来投资高风险资产，使得固收部分产生的盈利可以尽量弥补高风险资产可能产生的亏损，使得整个投资组合长期来看立于不亏的状况。

工具解读

整体运作思路

假如投资者将资产的90%配置在固收收益领域，平均年收益率为3%左右，而将10%的剩余资产投放至高收益品种。那么，这种高收益品种也必然会带来较大的风险。假如，其收益波动在±25%之间，那么，该资产的收益范围大致为：

最高收益=90%×3%+10%×25%=5.2%

最低收益=90%×3%+10%×（-25%）=0.2%

也就是说，既使投资于高收益品种部分的资产产生25%的亏损，整个投资组合也能确保不会亏损（0.2%）。

当然，在实际投资过程中，很多基金在固定收益投资时还会采取债券再抵押的方式进行融资，然后用买入债券的方式来增厚整个固定收益部分资产的收益。因此很多债券基金的持仓比例甚至出现超过100%仓位的情况。在此情况下，能够允许高风险资产投资的亏损幅度也会更大。

案例分析

低风险配置案例

小王到了一个上有老、下有小的年纪，手中有一笔闲钱，却不敢投向任何有风险的领域，毕竟自己的现状就是不能承受任何风险，但又不甘心只能获得固定收益，投向银行存款或货币基金。

有人让他进行组合投资，但由于其对各类资产投资不是太熟悉，所以一直也没敢操作。

基于对投资者个人情况的解读可以看出，该投资者力求投资目标收益超过普通的货币基金，但也不愿意接受亏损（这点更重要）。因此，能够最大程度地保护本金安全的低风险"固收+"产品就是其最佳选择。

目前，这类产品以偏债型混合基金为主，投资者在选择基金产品时，可以重点查看一下基金的业绩比较基准以及基金资产配置图。

代表性基金品种——财通收益增强债券

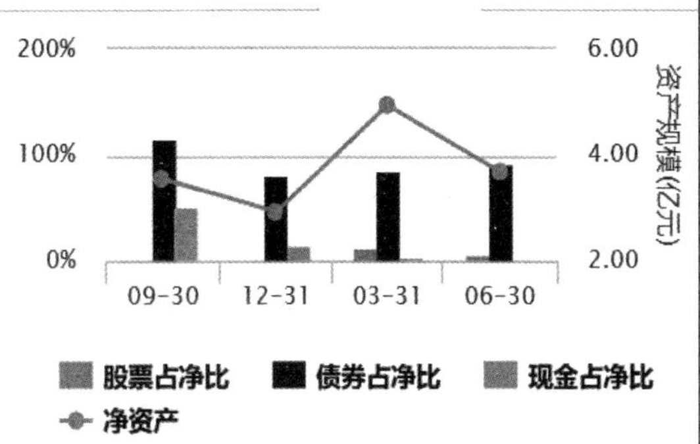

从左侧的基金资产配置图中可以看出，该基金的股票占比处于较低的水平，大部分时间都低于10%，2023年第二季度仅为6.48%，而同期的债券资产占比93.07%。这类基金的收益相对来说会更加稳定。该基金的业绩比较基准为中债综合指数。

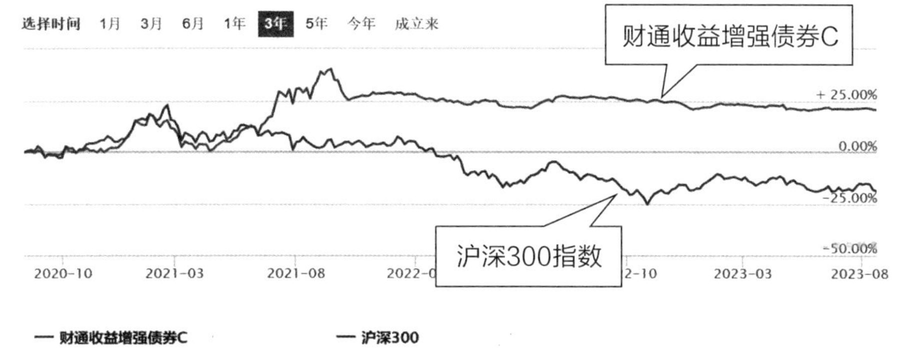

从上面的基金收益走势对比图中可以看出，该基金收益的稳定性明显高于沪深300指数。在沪深300指数出现大幅上升或下跌时，该基金也可能会随之出现上升或下跌，但更多的时间还是会呈现稳定上升状态。从三年收益对比来看，该基金涨幅超过20%，明显优于股票指数和货币基金。

从这类基金的收益走势来看，尽管长线持仓很少出现亏损的情况，但并不意味着短线也不会亏损。毕竟这类基金持仓中有一些股票，而股票价格短期内还是会出现较大幅度的振荡，这都会影响基金短期的收益。

二、“固收+”产品中低风险配置方案

工具概述

“固收 +”产品的目标用户多为避免出现较大风险的保守型投资者。即使有些投资者为了能够增加收益，愿意承受稍大的风险，但这种风险也有一个明显的度，即愿意牺牲一点时间或少量的成本来挑战更高一点的收入。

工具解读

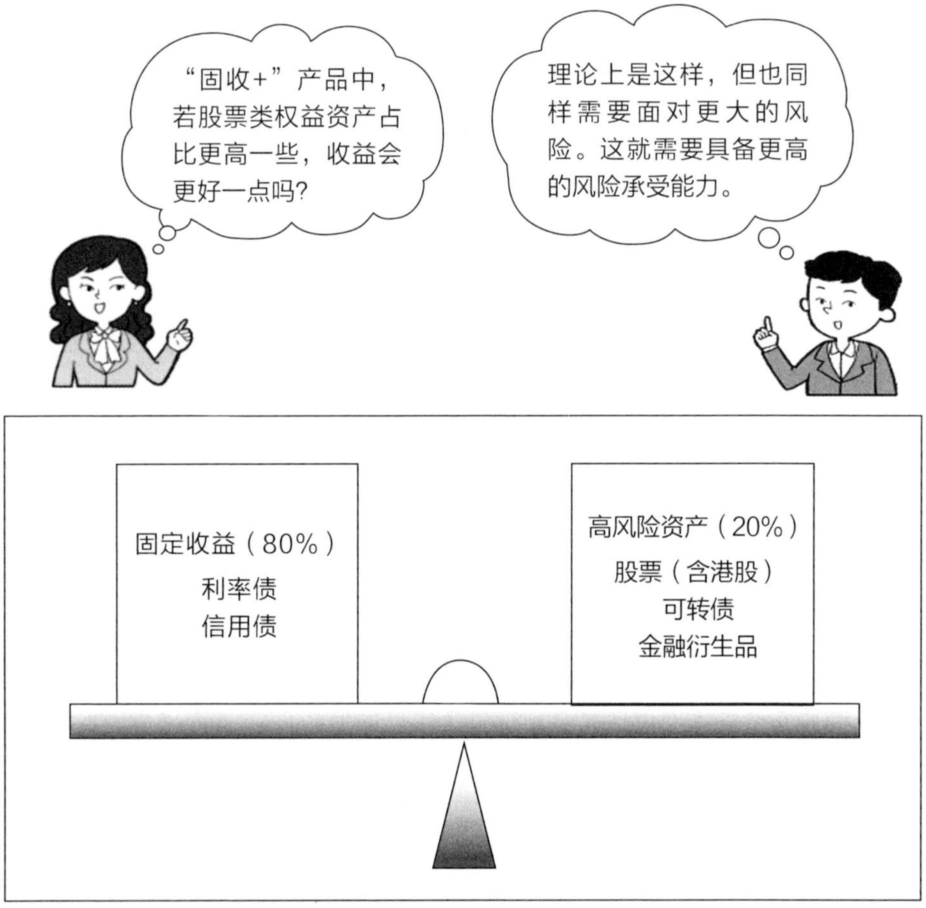

整体运作思路

假如投资者将资产的80%配置在固收收益领域，平均年收益率为3%左右，而将20%的剩余资产投放至高收益品种。那么，这种高收益品种必然会带来较大的风险，假如其收益波动在±25%之间。那么，该资产的收益范围大致为：

最高收益=80%×3%+20%×25%=7.4%

最低收益=80%×3%+20%×（-25%）=-2.6%

也就是说，如果投资于高收益品种部分的资产产生25%的亏损，整个投资组合最终的亏损幅度在2.6%左右。一般来说，这是很多投资者能够接受的水平。

况且在实际投资过程中，很多基金的固定收益投资还会采取债券再抵押的方式进行融资，然后用买入债券的方式来增厚整个固定收益部分资产的收益。因此很多债券基金的持仓比例甚至会出现超过100%仓位的情况。在此情况下，高风险投资出现的亏损将被较大幅度地弥补。

案例分析

中低风险配置案例

小赵是一家上市公司的中层管理者，收入不错，手中有一笔闲钱，能够承受一点风险，但又不愿意冒太大的风险。因此，尽管很多朋友都动员他进入股市，他几次心动，但就是没有入场。

他还是想寻找一种比较踏实的投资理财方案，能让自己的资产获得长期稳定的增长。

基于对投资者个人情况的解读可以看出，该投资者力求投资收益能够长期稳定增长，而且能够承担小幅的损失。这就意味着，该投资者还是不愿意将自己的资产置于较高的风险之中。因此，一些偏债型混合基金仍是其理想的选择。

其实这也是“固收+”产品的优势所在，即通过将大部分资产投入固定收益产品中，锁定基本收益，然后用少量资金博弈高风险高收益品种。

代表性基金品种——富国丰利债券

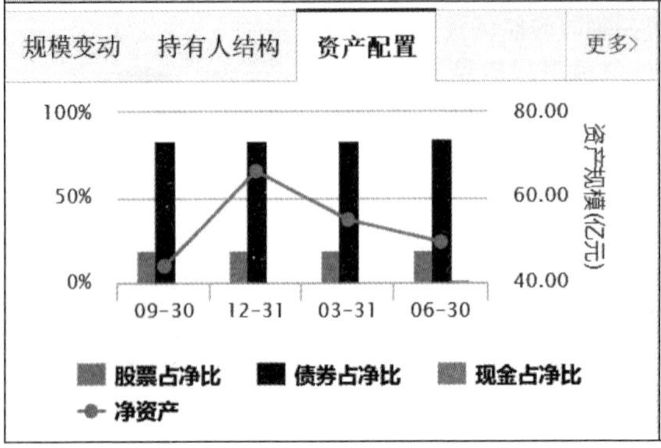

从左侧的基金资产配置图中可以看出，该基金的股票占比处于较低的水平，大部分时间都低于20%，2023年第二季度仅为19.81%，而同期的债券资产占比84.82%。从其资产配置比重来看，该基金采取了债券质押融资的方式，提升了债券的仓位。

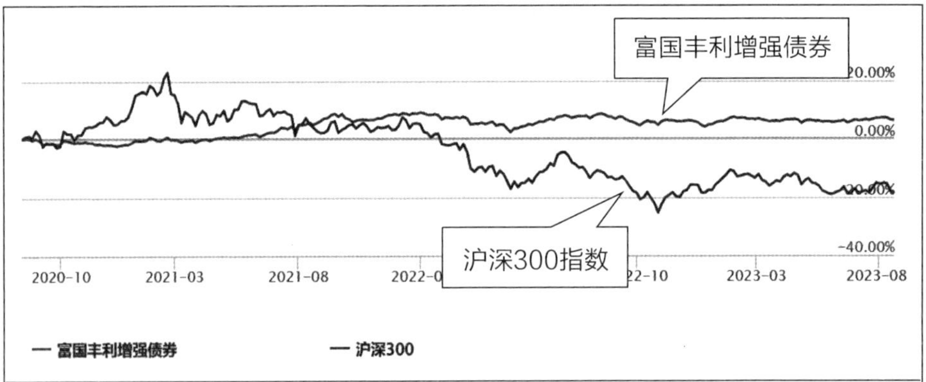

从上面的基金收益走势对比图中可以看出，该基金收益的稳定性明显高于沪深300指数。但最近两年的收益也不是特别理想，相比之前低风险配置方案中的“固收+”产品收益要低一些，三年仅取得了6.3%的收益。这也与股市走低有直接的关系，毕竟沪深300指数的跌幅超过了18%。

从这类基金的收益走势来看，尽管长线持仓很少出现亏损的情况，但其不可避免地会受到股市走势的影响。这也是一旦股票类权益资产超过30%将不再列入“固收+”产品范围的原因。毕竟固定收益的部分，太容易被高风险产品的亏损蚕食。